德国学前教育译丛

如何创建日托保教空间 1

——0~3岁托育机构环境创设指南

[德]安吉丽卡·冯·德·贝克/著
张世胜 刘雪婷 王雅馨/译 王兴华/审校

Angelika von der Beek

BILDUNGS RÄUME

Für Kinder von Null bis Drei

北京师范大学出版集团
BEIJING NORMAL UNIVERSITY PUBLISHING GROUP
北京师范大学出版社

Bildungsräume für Kinder von Null bis Drei by Angelika von der Beek
©8. Auflage 2020 verlag das netz, Weimar, Berlin
北京市版权局著作权合同登记号　图字：01-2021-5337

图书在版编目（CIP）数据

如何创建日托保教空间．1，0-3岁托育机构环境创设指南／（德）安吉丽卡·冯·德·贝克著；张世胜，刘雪婷，王雅馨译．—北京：北京师范大学出版社，2021.10
（德国学前教育译丛）
ISBN 978-7-303-27195-5

Ⅰ．①如…　Ⅱ．①安…　②张…　③刘…　④王…　Ⅲ．①幼儿园-环境设计　Ⅳ．①G617

中国版本图书馆CIP数据核字(2021)第174668号

营销中心电话　010-58802755　58801876

出版发行：北京师范大学出版社 www.bnupg.com
北京市西城区新街口外大街12-3号
邮政编码：100088
印　　刷：北京盛通印刷股份有限公司
经　　销：全国新华书店
开　　本：889 mm×1194 mm　1/20
印　　张：8.5
字　　数：165千字
版　　次：2021年10月第1版
印　　次：2021年10月第1次印刷
定　　价：58.00元

策划编辑：于晓晴　　责任编辑：肖　寒
美术编辑：焦　丽　　装帧设计：焦　丽
责任校对：郑淑莉　段立超　　责任印制：陈　涛

目录

绪论

孩子的教育要从3岁以下开始抓起？这听起来是不是很夸张？

不，一点儿都不夸张。我敢肯定：在不久的将来，许多3岁以下的孩子会上托育机构，就像3～6岁的孩子要去上幼儿园一样。而且也是出于同样的原因，都是为了培养孩子们的独立人格，为了使他们能够与同龄孩子进行互动交流，为了实现社会中的机会均等，为了能让父母平衡家庭和工作之间的关系。

据我所知，目前送3岁以下婴幼儿去托育机构的情况尚不普遍。这不仅是因为托育机构费用昂贵，还因为现在普遍存在着一种僵化的看法：不足3岁的婴幼儿非常柔弱，也很无助，因此他们需要母亲的保护和心无旁骛的照顾。

虽然“母亲照顾孩子”的固定模式一直在沿用，很多女性的权利地位也因此难以得到保障，但在德国，仍有很多女性认同这种角色分配。

0～3岁婴幼儿期是人类个体一生中学到东西最多的阶段[①]。0～3岁托育机构与幼儿园、小学之间有什么区别呢？为什么托育机构作为一个公共教育机构与幼儿园和小学的社会责任不同呢？

儿童早期对看护人的教育水平有很高的要求，其要求之高，甚至没有任何一个其他时期能跟这个时期相比。而对于这样一项要求很高的任务，怎么能期待作为“业余”教育者的父母比专业保教人员做得更好呢？专业的保教人员至少有托育机构的空间可以作为孩子的“第三位教师”。

穿尿布的研究者

“穿尿布的研究者”[②]这个有点夸张的说法表现了人们对婴儿的极度赞赏：婴儿具有超强的学习能力。他们不仅学到了很多东西，所采用的学习方法也令人赞叹。他们的学习很深入，他们会比较、归类，

① Schäfer，G. E.（Hrsg.）：Bildung beginnt mit der Geburt. Beltz Verlag，2005.

② Gopnik，A./Kuhl，P./Meltzoff，A.：Forschergeist in Windeln. Ariston，2000.

他们善于调整、尝试，他们会分析，并能够建立事物之间的联系。就算是科学家——那些在我们眼里具有较高智力水平的人——采用的学习方法也没有比婴儿更高明的了，难怪有一本英文专著就叫 *The Scientist in the Crib*，即《摇篮里的科学家》。

如今我们已非常重视婴儿的学习能力，而在 30 年前，科学研究尚未将年龄最小的孩子视为研究对象。最早是医学领域开始关注婴儿，并有许多人自诩为“婴儿科学”的专家，但他们只看到了婴儿的本能行为。人们一般也将婴儿期称为“无知的第一年”。

受到文化和经济方面因素的影响，社会没有在婴幼儿发展研究方面投入资金。科学家们甚至不考虑做该领域的研究。每个处理“妇女儿童琐事”的人都不得不担心他们会得不到尊重。

到目前为止，从事婴儿研究的大多数科学家来自说英语的国家。而科学家们之所以会展开婴儿相关研究，也是因为从自己孩子的身上看到了婴儿惊人的能力。这让婴幼儿研究领域看到了希望。同时，这也可能是社会运动的结果。妇女解放运动促使女性和男性都享有抚养孩子的权利。这增加了男性对孩子的兴趣，并且这种兴趣可能使得科学研究进一步发展，因为儿童教育逐渐从一个仅仅由女性负责的事情演变成了一个与全社会息息相关的领域。

看到 1 个月和 1 岁的婴儿，我们可能很难把他们和“具有超强的学习能力”这样的描述联系起来，两者看起来好像是相互矛盾的。解决这个误会的核心在于如何理解“能力”这个词。能力在这里并不是指先天“无所不能”，而是指后天“学习的潜能”。

观察的关键

亲爱的读者，我对 0~3 岁托育机构空间布置提出的建议主要源于以下三个方面：理论观点、理念和实践知识，而将这三者联系起来的便是观察。

对儿童的科学认识是我的出发点，它以观察为基础。我所提及的理念是观察感知的结果。实践知识，不管是我自己的还是其他人的，也可以说是一种观察认识，因为它以感知和反思日常生活现象为基础。

致力于研究婴幼儿发展的德国科学家和国际上其他科学家们一致同意，儿童是积极的社会生物。为了成长为有能力的个体，他们需要一些必备素质。在德意志联邦共和国的相关讨论中，格尔德·埃金哈德·舍费尔（Gerd E. Schäfer）① 进行了最详尽的阐

① 格尔德·埃金哈德·舍费尔，1942 年生于雷根斯堡，科隆大学早期儿童教育学教授、不来梅艺术学院早期儿童教育学教授。

释。因此，我在阐述支持婴幼儿教育过程的理念时也将以舍费尔教育方法的理论为前提。从这种教育方法发展出来的理论，无论是丽丝·艾略特（Lise Eliot）①的神经生物学知识，丹尼尔·斯特恩（Daniel Stern）②的婴幼儿心理发展研究、杰罗姆·布鲁纳（Jerome Bruner）③的语言发展研究，或者是长期以来的发展心理学研究结果，本质上都离不开观察。

观察也是理念的基础，从艾米·皮克勒（Emmi Pikler）④的婴儿教育学到瑞吉欧（Reggio）理念再到英国优质早期教育中心理念都是以观察为基础的⑤。这些教育理念以儿童的需要和儿童的能力为核心。保教人员的计划、托育机构的一日生活、空间布置和材料投放都是基于对儿童的观察。

我的实践知识以及那些长时间与我共事的同事的实践知识都可以为有志于做好空间布置的0～3岁婴幼儿保教人员提供参考。而这些知识仅仅基于观察，并没有可供参考的理论和理念。通过对保教人员行为的反思性观察，也通过对保教人员表达出来的需求的感知，实践知识就产生了。

我对婴幼儿保教人员在空间布置方面的建议是基于观察得来的。不是只观察一次，而是要经常性地在不同的地方进行观察，并且还要和相关人员一起进行反思。多年来，我一直关注解决方案的可行性。不同机构的情况很不一样，因此，在一些情况下我会撤回我的建议，因为这些建议被证明是不切实际的。

由于篇幅有限，我不会对上述不切实际的建议进行描述；人在做事的时候，这些错误是在所难免的。但是，我们也可以从中学到一些东西。因此，科学记者莱因哈德·卡尔（Reinhard Kahl）将其称为“错误的奖励”。

亲爱的读者，如果你在材料投放和空间布置之前就密切关注孩子，那你很可能就不会犯错。你应该敢于去尝试一下各种建议，不要害怕犯错。

什么是观察?

观察这一概念涉及各种各样的操作方式。在这一节，我将阐述什么是观察。

---

① Eliot，L.：Was geht da drinnen vor. Die Gehirnentwicklung in den ersten fünf Lebensjahren. Berlin Verlag，2001.

② Stern，D.：Tagebuch eines Babys. Was ein Kind sieht，spürt，fühlt und denkt. Piper Verlag，2003.

③ Bruner，J.：Wie das Kind sprechen lernt. Verlag Huber，2002.

④ 艾米·皮克勒，1902年1月生于维也纳，1984年6月逝于布达佩斯，著名的儿科医生、婴幼儿研究者和教育理论家。其育儿法的四大原则为：尊重儿童的自主行动，支持其独立行动；支持儿童与照料人的稳定关系；让每个儿童都感觉到被接纳、被承认；促进儿童身体健康。

⑤ 这些理念将在“早期教育是一门独立的学科”章节中介绍。

无论何种操作方式，观察最后都会体现为记录单或量表。在这里，我将用比利时鲁汶大学教授费雷·莱弗斯（Ferre Laevers）研制的鲁汶参与度量表为例加以说明，因为这个量表经常被引用。这位比利时的教育学家对“为什么‘活动参与度是一个概括性的质量标准’”进行了说明。参与度“表示，教育环境如何对个体产生影响，以及影响的程度。参与度是反映保教人员、设施、小组和个体之间复杂的相互作用过程的一个综合的指标。在一定程度上，参与度甚至反映了过程质量的一个核心方面（儿童的幸福感）。如果婴幼儿感觉在托育机构和在家里不一样，就因这一点，大多数婴幼儿表现出的活动参与度就可能不高”。[①]

乍看起来，鲁汶参与度量表“仅仅”测量了儿童的参与度。但上文引用的莱弗斯教授的话语却能证明，参与度就是保教工作的质量标准。

然而，我从中也看到了一个问题：通过考察儿童参与度来评估托育机构的质量，这实在有点绕圈子。若儿童不能专注于一件事情，那么问题就不仅出在儿童本身，也要从“环境”找原因。要借助量表评估儿童的参与度，还应该考虑一些问题：环境是否过于嘈杂了？游戏空间是否恰好在一条“过道”上，会受到其他小朋友的打扰吗？儿童能取用材料吗？或者这对他们来说太难了？活动本身对儿童来讲是否过于简单？只观察某个个体，不一定能真实地呈现该儿童的参与度。这个孩子可能刚好生病了，或者刚来到这所托育机构，还不熟悉日程安排，以至于不能集中注意力。

若情况如此，那观察又能发挥什么作用呢？观察虽然无法让保教人员了解儿童的能力，但可以使他们获得评估自己行为的线索。当儿童生病了，保教人员需要予其无微不至的关心，应该给孩子的母亲或父亲打电话，让他们早点接孩子回家。出现这种情况，可能是儿童无法适应的表现。如果是这样，保教人员就要特别关注这名儿童。此外，保教团队必须对托育机构入托适应的教育理念进行评估。

问题的关键在于，有时候保教人员观察儿童仅仅是为了完成记录——更准确地说，质量评估工具有时会被滥用。

成年人应该直接观察儿童到底在做什么。为了做到这一点，观察表上也会记录一些不被期望的儿童行为，如玩水等。这直接回应了“请勿打扰！儿童在成长！”的呼吁。我们“间接地”注意到，许多父母不

---

① Laevers，F.：Qualität frühkindlicher Erziehung：Was wir von Praxis und Forschung in Flandern lernen können. In：Fthenakis，W. E./Textor，M.（Hrsg.）：Qualität von Kinderbetreuung. Beltz Verlag 1998，S. 251.

希望孩子玩的游戏，实际上有利于他们的成长。在这里，我也要提醒大家注意一个问题，那就是观察表是否是唯一的让成年人注意到孩子“危险行为”的正确方式？

观察表的使用有助于增强教育者的观察力。这的确十分有意义。但是，观察表也容易让人不只是观察，而是先考虑到如何评价。

早期优质服务中心之一——潘格润（Pen Green）早教中心——也运用了鲁汶参与度量表。此外，还引入了“图式”概念，这一概念用来帮助人们理解幼儿行为，揭示幼儿的行为模式。“图式”在让·皮亚杰的发展心理学这一理论背景下得到了阐述。

最早且传播最广的图式之一是“线性图式”。在幼儿玩笔时，在他们来回推玩具车或扔掉物品时，都可以发现这一图式。

幼儿行为理论使得家长能够理解幼儿的行为，例如，为什么幼儿总是不断扔掉手中的东西。借助图式理论解释观察的现象，不仅能帮助教育者，而且使得家长更加容易理解孩子的奇怪行为。

然而我认为，借助图式理论观察幼儿并不能如这个理论表面上看起来的那样富有成效。也许，不借助于图式，我同样可以感知孩子一些出乎意料的行为举止，并且相信，孩子所表现的行为对于他们来讲一定是有意义的。但是这并不意味着，我总是能明白儿童在做些什么。我对他们的行为的理解可能会有三种情况。第一，我会更加仔细观察他们的行为，并发现其中的意义。第二，通过言语或非言语去倾听孩子，以此试着去理解他们的行为。第三，我确定，我并不能理解这个孩子的行为。在这三种情况下，图式理论不一定有太大帮助。

尽管儿童行为有其特定意义，我作为一个成年人也不会对这些行为全盘接受。但是我应该区分“我不能接受”和“我不能理解”这两个概念。如果我不理解孩子的行为，那么我也不能出于这个原因就禁止孩子这样做。与之相反的情况是，尽管我理解孩子想要什么，但我还是不允许他这样做，因为我认为这是十分危险的事情，或者出于一些其他的考量。

原则上来说，我更乐意赋予儿童行为以意义，而不是用图式来解释我不能理解的儿童行为。因此，图式对我来说就像一条弯路。如果我借助图式，比如线性图式，思考幼儿行为，那么我很有可能会将一个复杂的情境简单化。而“线性图式”的解释并不能帮助我正确地去理解儿童行为。图式概念使得人们在事物的表层去寻找现象，并没有对儿童行为做出合理解释。

鲁汶参与度量表和图式概念很好地解释了观察记录和观察方式之间的区别。我认为，对婴幼儿教育而言，直接观察和记录是最合适不过的了。

通过自然观察，我可以发现儿童在经历什么、做什么和想什么。我对他们在做什么和怎么做方面很感兴趣，从中我可以知道他们的体验和想法。通过自然观察，一方面儿童可以感受到他人对他们行为的认可；另一方面，我能够把我的教育措施和儿童的行为联系起来。

自然观察是理解儿童的一种方式，它为倾听和体会孩子内心的声音创造了条件。孩子的语言能力越有限，自然观察就越重要。通过自然观察，孩子能够更好地参与我们的教育实践。

舍费尔认为，自然观察是“一种专业的方法，它使教育过程变得可见和有效”。[①] 在观察过程中，保教人员将集体活动的时间控制在 5 分钟、10 分钟，或是 20 分钟以内，并将注意力放在单个或多个孩子身上，考察这将对儿童行为产生什么影响。自然观察有一定的随意性，在一日生活的某个环节中，如果保教人员的注意力被吸引了，好奇刚刚发生了什么，[②] 那么观察就会自然发生。这种无明确目标的、开放式的观察与借助记录单和量表进行的有针对性的观察是有明显区别的。

在开放式观察的过程中，观察者首先要对儿童行为具有敏感性。为了细化你自己的感知能力，在观察过程中你可以问自己这几个问题：“我看到了什么？我听到了什么？我有什么（情绪上的）感觉？”[③]

“感知和发现式的观察意味着，观察者沉浸在观察行为当中，并产生同理心。‘同理心’要求观察者保持自我觉知。自我觉知同时发生在所有感官渠道——过去的感受、身体的感受、心理的感受。人们感知到的往往是对自身有意义的事件。与自身经历息息相关的事件更容易引起观察者的注意。观察者应该有意识地去感知并反思，他们的注意方向在多大程度上与自身经历有关。”[④]

不要在观察的同时进行评价，做记录是很有帮助的。在你刚开始做自然观察时，只需要记录

① Schäfer，G. E./Alemzadeh，M. Wahrnehmendes Beobachten，verlag das netz 2012，S. 53.
② Schäfer，G. E.（Hrsg.）：Bildung beginnt mit der Geburt. Beltz Verlag 2005，S. 167.
③ Schäfer 2005，S. 168.
④ Schäfer 2005，S. 169.

你在幼儿身上所看到和听到的，这已经足够了。——如果你同时还记下了自己当时的感受，也是可以的。

就我的经验来看，随着时间的流逝，最初简单的记录会变得丰富多彩。如果你将这些记录收集起来，那么对儿童行为的简短描述将会变成有说服力的成长记录手册。

下一步，你就要在观察中提出一些细节性的问题。舍费尔建议，在观察过程中，你应该相信儿童有自我教育的潜力。[①] 儿童的自我觉知能力便属于这种潜力，除了对过去的感受，还包括身体感受和心理感受。

下列问题可以启发你进行更加细节化的观察：儿童通过他们的身体体验到了什么？他们看到了什么？他们听到了什么？他们有什么样的感受？

儿童的自我教育潜力还包括建立社会关系的能力。你可以观察孩子与孩子之间或者孩子与大人之间是如何相互理解的。

最后，探究学习也是孩子从一开始就具备的潜能。孩子将面临哪些挑战？在感到无能为力时，他们会进行怎样的尝试？他们总是自己应对挑战还是和其他儿童一起面对？他们将提出什么问题？

儿童总是成长得很快，你不能抱怨观察时间不够。真正困难的是在观察时做到心平气和并找到足够的时间做记录。请留一点时间和团队内的其他人进行讨论，这种形式的讨论十分重要。如有必要，你还应为非专业人士提供专业咨询。

如果你在记录单上能够额外附上儿童的照片和他们的一些作品，那么一份儿童早期教育档案就生成了。这样的一份档案有许多作用，它使你能够对自己的工作进行思考。你会通过对儿童行为的反思增进对这个孩子的了解，并能更有针对性地提供指导。此外，在布置空间和投放材料时，为了更好地适应儿童的需求，这些档案也可作为参考。

对孩子来说，儿童早期教育档案也是记录他们成长的一种形式。

翻开档案，孩子能了解他们的成长，也能认识到自身与客观世界的关系。此外，如果没有这样一份档

① Schäfer 2005，S. 172.

案，父母就难以参与孩子在托育机构的成长时光。如果档案可供托育机构同事和社会大众查看，那么这也体现了公开透明原则。

如何将房间布置成婴幼儿保教空间?

儿童通过身体和感觉来感受世界，因此他们需要一个“感官刺激丰富的”环境。环境应满足儿童的需要，让他们可以充满好奇地去探索，去锻炼体能，去发展灵活性。环境应为他们提供所需要的空间和材料，来实现这一切。

保教空间布置的基础设施：

- 阶梯、平坦的平台和楼梯支座；
- 木梯和旋转楼梯；
- 斜梯；
- 固定或可以移动的设施，如绳索；
- 吊床和吊椅；
- 秋千；
- 装满大豆的盆；
- 装满豌豆、扁豆、软木、小石子的碗或是收集新鲜栗子的碗；
- 可藏身的小洞穴；
- 用于包裹身体的布料；
- 多功能凳子；
- 短或长的树枝；
- 小泳池；
- 用来做实验的胶水和黏土；
- 画架和颜料；
- 各种形状的镜子。

如果你想重新布置婴幼儿保教空间中的家具，你首先应该对现存家具进行评估，看它们是否能满足儿童的兴趣。不同年龄和发展阶段的儿童可能会以不同的方式来使用家具，如向上爬、沿着栅栏跑、推东西、上下左右爬行、来回爬楼梯并停在楼梯中间等，只因在那里他们可以看到完全不一样的东西。

除了改变空间规划和家具之外，对材料进行评估也是必要的。因为许多经验你无法用语言教给儿童，但你可以让材料“说话”。

- 除了购买的玩具，环境中是否还有可以用于游戏的材料，如日用品、自然材料、收集的物品？
- 玩具是否太多或太少？幼儿对购买的成品玩具和一些游戏材料的使用频率是否差不多？如果玩具太多，能否把一部分成品玩具收起来，或者直接拿到跳蚤市场去卖掉？
- 材料是否与儿童年龄相符？或者材料是否适合

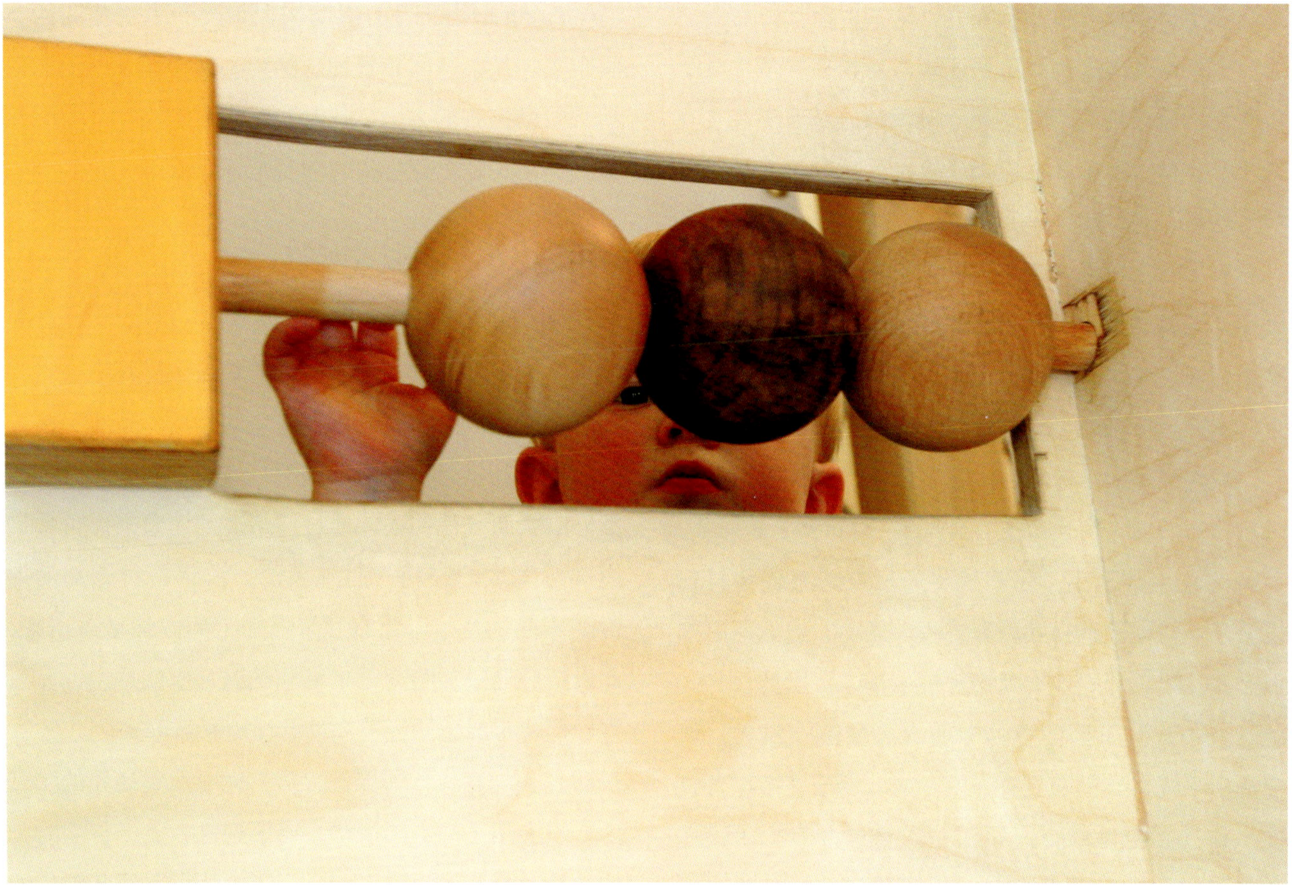

幼儿园？比起挂在绳子上的整齐衣服或儿童不知道里面藏有什么宝藏的衣柜，手帕、帽子、项链、手提包等一些小件物品是不是对儿童更具吸引力呢？

• 托育机构中的日用品是否摆放得一目了然、方便取用、看起来很有吸引力？

• 此外，是否还有一些材料能够拓展儿童的游戏经验？

• 空间布置是否单一？在活动空间里，是不是既有柔软、轻巧的东西，如枕头、毛巾、铺有地毯的地面、泡沫塑料骰子等，又有坚硬、沉重的东西，如木砖或长短各异的木板？

• 如何区分儿童已有的经验和当下通过眼睛、耳朵、鼻子感知到的信息？

- 是否存在清晰的色调区分，如暖色调用于孩子的卧室，冷色调用于孩子的活动区域。房间光线是否充足？此外，是不是也有光线较暗的地方用于捉迷藏和休息？

- 是否要利用声学原理促进儿童的听觉发展？有隔音天花板吗？是否使用了隔音材料，如隔音窗帘？整个空间、至少部分空间是否铺了地垫？是否应该避免游戏区域噪声过大，如进行游戏场地软化？

- 嗅觉能得到训练吗？首要的是，应该避免难闻的气味——卫生间区域是否通风良好？

儿童年龄越小，你就越要通过空间布置和材料投放来支持他们的自我教育过程。然而，这方面的知识恰好在培训和专业文献中都被忽视了。因此，1990年，一小部分不同职业的专业人才聚集在汉堡，研究提出了汉堡空间布置理念[①]，这有利于支持托育机构工作，并使得教育指导和在职培训专业化。该理念与当时的维尔茨堡模式有关，沃尔夫冈·马尔克（Wolfgang Mahlke）[②]依据该理念改变了幼儿园的空间布置。汉堡空间布置理念的第一版介绍了空间布置的一些最核心的方面。[③]本书更进一步探讨了空间布置——尤其是托育机构的空间布置。

年幼的儿童需要时间

年幼的儿童首先通过身体来感知世界，这样的表述可能会引起误解，让人们认为在这个过程中，婴幼儿的大脑和情感没有发挥很重要的作用。事实上，儿童从出生开始，不仅能感觉到开心或不开心、舒服或不舒服，而且他们还能通过情绪上的体验来评价他们周围所发生的一切。简单来说，情感是对感知的评价。情感一开始以粗略和未经加工的方式呈现出来，此后情感通过经验变得丰富和细腻，也就是说，儿童开始把特定的感知经验和情感体验联系起来。

作为托育机构的保教人员，你要像婴幼儿的父母一样体察孩子的不同情绪。要做到这一点，你需时刻关注婴幼儿并做出适当回应；还要认可婴幼儿独特的

---

① 汉堡空间布置理念可以理解为幼儿教育理念的实践部分，这个理念强调儿童的自我教育过程。通过观察儿童的喜好和行为，我们发现，早期教育领域提出的儿童自我教育特征得到了证实。这一理念以一种最便捷的方式帮助我们了解儿童需要什么。儿童甚至需要进行一些平时不被允许的行为，如随处爬行、躲猫猫、玩水；儿童还喜欢改变某样东西的用途：家具、玩具、游戏规则等。当我们认真观察时，儿童会给我们提示，让我们知道他们需要什么。因为他们喜欢做的事情，也是他们能够做的（符合他们的能力水平）。不同性别和年龄的儿童需要不同的、符合他们发展水平的环境和材料。

② Mahlke，W./Schwarte，N.：Raum für KInder. Beltz Verlag，1989.

③ von der Beek，A./Buck，M./Rufenach，A.：Kinderräume bilden. Beltz Verlag，2003.

感知方式和行为方式，这样才能基于对他们的理解做出恰当的回应。

这件事做起来并不简单。因为在成年人眼中，婴幼儿的许多行为乍一看都是难以理解或没有意义的。在这种情况下，你要试着赋予婴幼儿的行为以意义，但不要对其行为过快做出反应，这一点是很重要的。

观察婴幼儿的一举一动，对其所说所做感兴趣，并基于他们的能力水平镇定从容地做出回应，如此便能促进婴幼儿的发展。

为了探究问题，为了独立地找到解决问题的方法，儿童需要时间。“儿童的时间不同于成年人的时间。他们关注的是具体的事件、感官体验以及日常生活中的挑战。”[①] 但是，这在许多家庭和传统托育机构的一日生活作息安排中都难以实现。

然而，作为专业的保教人员，你却可以抓住这个机会，承认婴幼儿需要自己的时间来学习，可以改变教育实践。你可以允许婴幼儿跟随他们自己的节奏。这就是说，婴幼儿被允许拥有独立行动的空间和材料越多，决定休息和玩耍的时间越多，选择与他人交往的方式越多（即一个人、两个人或者小组活动），那么他们就越能够跟随自己的节奏。

因为托育机构中的婴幼儿总是喜欢一个人玩耍，要通过空间布置和材料投放实现多名幼儿平行游戏或者整个小组幼儿的集体游戏，这对托育机构教育来说是最大的挑战。像幼儿园那样规定四名幼儿或更多人一组一起活动，并不适合托育机构。

空间布置和材料投放应灵活安排，以满足幼儿自由切换单人游戏、双人游戏和小组游戏的形式。除了单人游戏，双人游戏是托育机构中最常见的情况。因此，你应该特别注意这一点。

同伴

日常教育实践中越强调以儿童为中心，同伴的作用就越重要。你要通过空间布置和材料投放，有意识地促进婴幼儿之间的互动，也就是让空间和材料“说话”。如果所有婴幼儿都有足够多的活动可能性，都有选择的机会，都能够相互看到并将对方的游戏联合起来，就算他们只是各玩各的，也可以相互避让，这就代表他们具有同伴意识了。因为对年幼的儿童来说，在空间上，准确地说就是身体上能够亲近其他婴

① Schlüsselsituationen im Krippenbereich：Spielen. In：Stadtkinder extra. Januar 2003. Mitteilungsblatt der Vereinigung Hamburger Kindertagesstätten，Oberster. 14 b，2014，Hamburg.

幼儿，对其自身发展具有决定性作用。空间布置和材料投放应该以促进这种关系为考量标准。

日常生活最能体现同伴对年幼儿童的意义。在一起吃饭、睡觉、玩水或者换尿布过程中，同伴之间能相互观察和模仿，这都是能让婴幼儿安静或兴奋的感觉刺激。

早期教育是一门独立的学科

许多成年人认为，在生命初期，儿童最需要帮助。这种看法很容易理解，但也有一定问题。虽然婴儿需要大人喂食和换尿布，但我们不能将他们对我们的依赖与他们是无助的个体画等号。

尽管孩子有依赖性，但是那些有责任抚养婴幼儿的成年人，必须要培养孩子的自信心。要做到这一点并不容易。我们既要照料婴幼儿，但又不能阻碍他们的自主行为。只有让婴幼儿自己去做，他们才会对自己的能力建立起自信。

在我看来，比起家长，你作为专业人士有更好的机会去完成这个并不矛盾的任务。最重要的是你要允许幼儿跟随自己的节奏，通过空间布置和材料投放支持其自主行为，让他们能自由选择是玩游戏还是休息，并能自己决定游戏方式。

保证儿童参与度的基本条件是你要具有友好的、低调的、观察的态度。“这样的态度”看起来你好像“什么都不用做”。其实这样的态度表现出的照料行为以儿童拥有独立自主能力为基础，被英国儿科医生和儿童精神学家唐纳德·温尼科特（Donald Winnicott，1896—1971）称为“有别人在场的独处”。

美国著名教育心理学家杰罗姆·布鲁纳注意到，父母对孩子要履行的一项重要任务就是，父母要为孩子“限定”场景。我们一直以来都在这样做，因为我们能够做到。正如保罗·瓦茨拉维克（Paul Zatzlawick）[①]简短有力的表达：“必须要有交流。”但我们与孩子的交流行为，经常是孩子感受到的“受限”行为，交流并不会自动地表现出来。我们做的决定必须永远以“范围”为基础。例如，我们首先会确定一个范围的“大小”，然后根据我们的语言或非语言行为调整该范围，既不能太小也不能太大。我认为，教育者布置空间或购买玩具时，也要考虑范围问题。

儿童的活动范围由空间、家具和材料构成。

当我们布置空间、选择家具和材料时，总是说起来容易做起来难。建筑物保存时间最长，而家具每十年需要更换，大部分材料能用许多年。

事实上，规划大小适宜的空间，并将其装饰为相宜的风格并不容易：几何风、严肃风、活泼风、包豪斯风、巴洛克风或者其他……

除了资金以外，在选择材料、家具和布置空间时，我们在特定文化下的生活经验和职业实践也起到了重要作用。虽然资金和个人品位是很重要的因素，但符合经验的职业行为才是关键。

几十年来，托育机构空间布置一直都由家具供货商决定。所以，无论是在弗伦斯堡、博登湖、德累斯顿，还是在柏林，托育机构的空间布置都千篇一律。

① 保罗·瓦茨拉维克是一位美国精神分析学家，出生于奥地利，著有《不幸指南》（*Anleitung zum Uglücklichsein*）一书。

这不禁让人联想到了小吃连锁店，而且这不仅限于内部装潢。托育机构外部设计也可能缺少个性——人们只能通过粘在窗户上的儿童手工作品来区分。

清一色的家具——桌子、椅子、柜子、架子、床、娃娃家和建构区——不仅给人一种无聊的“一锅粥”印象，而且体现了与之相一致的传统教育理念。环境是承载孩子奇思妙想的容器，透过环境，我们可以看到“孩子的形象”，而这种形象是受托育机构塑造的。在这样的背景下，活动室对年幼的儿童来说应该是生动活泼的。桌椅不用摆成直线，儿童也不用一直坐在同一个位置。他们被允许自由走动，当然也要遵守一些规则。他们不用什么事情都在桌面上完成。他们可以在地板上完成搭建。他们应被允许这样做，因为他们太“小”，不能“只是”学习。他们还应该尽情玩耍。

> 空间布置是承载孩子奇思妙想的容器。

游戏，也称为自由游戏，和圆圈时间一样对学业发展似乎没什么意义，但它与自主行为和自主选择有关，准确来说，游戏的方方面面都体现了幼儿的自主性：例如，他们自己决定如何规划时间和空间，也就是说，自主选择游戏场地、游戏材料、游戏场景，无论单人游戏、多人游戏还是小组游戏——众所周知，这与学校里的学习是有很大差异的。

在游戏时，幼儿可以运动——尽量不要太剧烈。但在学习时，儿童不能走动，除非去参观一个特别的地方，如体育馆，但他们也必须在指导下进行活动。

课业学习是被动进行的。学龄儿童必须去上学，然后在学校乖乖坐着。所有学生必须在同一时间做同样的事情，他们没有选择。所以说，学生在学校做的事情是学习，而不是玩耍。

相关政策规定：学校的课程是有间隔的，每 45 分钟就有一段休息时间。这个时间学生可以做一些其他的事情。他们不用再乖乖坐着，他们被允许自由活动；他们不用再把注意力放在教师或课堂任务上，他们可以相互交流或者仅仅是自己忙自己的；他们被允许玩耍或者“嬉戏”。总之，他们应该尽可能放松自己，以便在下一堂课上能集中精力和遵守纪律。

游戏和学习有着十分明显的区别：学习需要集中精神，而游戏则需要放松。在学习的时候，孩子们安静地坐着；但是在游戏的时候，他们会动来动去。在学习的时候，他们会保持安静，只有被要求的时候他们才会说话；但是在游戏的时候，他们可以随心所欲地交流，交流是十分自然的事情。一般情况下，孩子们只会三三两两地玩在一起，而不是很多人一起玩。而且在游戏的时候，成年人不再占据主导地位，否则这就不叫游戏了。

目前，小学和幼儿园仍然都会把游戏和学习割裂开。上小学时，孩子只能在课间休息的时候游戏，这段时间他们暂时不用学习，可以适当放松一下。而在幼儿园中，孩子们在学习的时候也是不准玩耍的，所有的孩子都要像在小学课堂里那样乖乖坐好。因此我们经常可以见到，孩子们坐在桌前，做着和小学生相同的事情。

在这一背景下，20 世纪 70 年代德国就已经颁发了《学前教育材料汇编》(*Vorschulmappen*)。当时，这份材料遭到了人们的反对，人们凭着经验振振有词地说，这根本达不到他们追求的理想效果。尽管人们不满意，但是并没有找到能代替传统学习方式的方法。

在这一点上，人们说不清原因：因为小学有特定的学习方法，那么同样地，幼儿园也必须采用一种合适的学习方法。

幼儿园不是幼儿的小学，托育机构也不是更小孩子的幼儿园。

只有当我们相信，学校的教育方式是存在一定问题的，我们才能从托育机构、幼儿园和小学这个根深蒂固的阶段观念中走出来。目前有关大脑研究的应用知识可以证实这一点。首先，它明确了小学并不是孩子唯一进行学习的地方，孩子要做的只是在上小学前打好基础。其次，它说明小学阶段的基础知识只有靠儿童自己独立地与周围环境进行互动才能获得，比起传统的坐在教室里的学习，儿童还可以有其他更加有效的学习方式。

我之所以提到幼儿园小学化的问题，是因为托育机构如今位于这条“下滑”线的末端。小学的学习被“提前”了，推到了幼儿园；而幼儿园的学习进一步被“提前”了，延伸到了托育机构。托育机构正在向幼儿园看齐，试图将“大孩子”的教育方式用在“小孩子”身上。但是那些有经验的实践者知道，并不能从中得出令人满意的方案：把所有适应于幼儿园孩子的都用在托育机构的孩子身上，这有一点，嗯——该怎么说呢？更具游戏性质？但是，与小学相比，幼儿园的教育已经更具游戏性了。托育机构的教育还能怎样呢？进一步加强游戏性吗？

我们应该从上至下来看一下这座“教育金字塔”。我们现在掌握着广泛的发展心理学、神经生物学、经验主义和反思教育科学的基础知识，从中应该能得到关于早期教育的知识。早期教育也应该从儿童的能力出发——就像幼儿教育那样。但早期教育不应该被视为其他阶段教育的附属，而应该被看作一门独立的学科，不夸张地说，早期教育是其他阶段教育发展的基础。

作为一门独立的学科，早期教育空间布置理念需要根据其自身特点“量身定制”。

作为一门独立的学科，早期教育需要有自己的空间布置理念，该理念要考虑不同年龄段儿童之间的差异。

年幼的儿童有其自身的发展特点。早期教育的空间需要为婴幼儿特别定制，空间的布置要考虑婴幼儿清醒的时间，也同样要考虑他们睡眠、进餐以及游戏的时间。所有这一切都对低龄儿童的身体和心理发展有重要意义。

在某些方面，我们的文化和早期教育学或多或少地为我们提供了解决差异的方案，但仍有一些方面还缺少解决方案。目前极为欠缺的便是与 0~3 岁婴幼儿身心发育相符的、满足他们特殊发展需求的空间布置方案。

一些年龄较大的托育机构工作者可能对此不以为然，因为从传统意义上来说，托育机构已经十分关注年幼儿童的身体需求，如喂饭、换尿不湿、哄睡觉或者洗澡。这确实没错，但问题是，托育机构目前只做这些事情。比如，在婴幼儿能够独立吃饭之前，保教人员就必须给他们喂饭；在能够独立如厕之前，就必须帮他们换尿不湿。这样做就导致托育机构的所有工作都围绕在婴幼儿身体的基本需求上展开，这种需求占据了主导地位。

造成这种情况的原因至少有三个：第一，不良好的照护者-儿童关系；第二，长期遵照医学的传统做法；第三，将婴幼儿同龄分组。如果一个照护者必须同时照顾多个孩子，在满足孩子身体需求之外，也就很难顾得上其他事，这是显而易见的。通常来说，在托育机构工作的不是教育者，而是保育员。同龄分组是出于“理性”考虑，因为有人专门负责照顾同年龄的幼儿是比较有效率的。由此一来，问题越来越错综复杂了：照护者同时照顾多名婴幼儿的工作压力也亟

须解决，他们需要专业化培训。在这种情况下，老一套的工作方式就被加强了，而且没有选择的余地，也就是为同一年龄段的一组婴幼儿提供身体上的必要照料。

在此背景下，混龄分组的情况越来越少。而理念上，对混龄分组的呼声却越来越高。

然而最重要的还是儿童观的转变。所有的照护者都明白，孩子除了进食、如厕、睡觉，还有其他的需求。因此托育机构会配备供 0~3 岁婴幼儿使用的桌子、椅子、高脚椅、床铺和尿布台。通常还会有供孩子爬的垫子和其他许多玩具。

此外，托育机构空间布置没有统一标准。最主要的原因是，德国旧联邦州托育机构的数量比起新联邦州[①]的还是微乎其微，以至于托育机构家具公司并没有生产出一些标配产品，尽管几十年来它一直主导托育机构空间布置。

德意志民主共和国曾有着数量庞大的托育机构、丰富多样的托育机构课程和专门为托育机构设立的专业顾问，因此保教空间布置理念得以形成。当时很多教育理念都难以付诸实践。现在再去批判这一现象已经超出了本书的范畴。

艾米·皮克勒的空间布置理念

几十年前，幼儿空间布置理念发生了革命性的改变。艾米·皮克勒[②]是一位匈牙利的儿科医生，她在“空间”这个词最真实的含义上为孩子创造了一个自由发展的空间，她致力于让孩子发现身体上的可能性并发展自我。

康妮丽·施奈德如此解释这一理念：“一个孩子，如果他不能由躺着的姿势自己坐起来，那么他就会被放在床上，这意味着他是运动无力的，或者说他很容易跌倒。那些我们看作好意的举动，对于孩子来说并不是一种帮助，而是一种阻碍，这可能会使孩子变得不那么灵活，并且养成他们的依赖性。即使某一时刻他们积极地想做些什么，也得依赖他人。这样没有办法培养他的自主性，而是让他时刻等待他人的帮助。”[③]

在战后的布达佩斯，艾米·皮克勒为新生儿、婴儿、幼儿制定的空间布置理念在实践中非常受限。

长期以来这一构想无论在民主德国还是在联邦德国都受到了冷落。直到 1983 年（艾米·皮克勒去世一年前）她才有机会在某场活动上向德国为数不多研

① 译者注：德国由 16 个州组成，其中 11 个州曾属于德意志联邦德国（简称“联邦德国”），现称为旧联邦州，曾属于德意志民主共和国（简称“民主德国”）的 5 个州（勃兰登堡、梅克伦堡 - 前波莫瑞、萨克森、萨克森 - 安哈特及图林根）被称为新联邦州。

② Pikler，E.：Friedliche Babys-zufriedene Mütter. Herder Verlag 1982；Pikler，E. u. a.：Miteinander vertraut werden. Erfahrunen und Gedanken zur Pflege von Säuglingen und Kleinstkindern. Arbor Verlag，1994.

③ Schneider，K.：Selbstbestimung im Wickelalter. Das Pikler-Konzept. In：TPS 2/87，S. 73.

究这方面的专业人士介绍这一理念。

皮克勒空间布置理念近乎完美地使用了当时的家具，从根本上改变了新生儿及婴幼儿的常规空间布置。这首先体现在床边护栏和婴幼儿围栏上。它们不仅用于保护和限制婴幼儿的活动范围，同时支持婴幼儿爬上爬下、自由活动，甚至是自己去尝试发现未知领域。皮克勒还发明了一种名为“小长椅”的家具，该家具可以帮助婴幼儿尽可能早地学会自己吃饭。她对换尿布时成年人和婴幼儿之间的互动进行过分析。基于观察，她对于如何布置尿布台以及换尿布过程中保教人员的行为给出了确切的建议。

与艾米·皮克勒生活的时代相比，今天我们在早期教育领域积累的经验已丰富了很多。我们不一定需要护栏。如今，我们所选择的材料不是仅仅有利于运动或具有启发意义，而是要两者必须兼备。也许，我们今天可以将艾米·皮克勒 50 多年前提出的空间布置理念变成现实了。

瑞吉欧教育模式

几乎是与艾米·皮克勒空间布置理念产生于同一时期，瑞吉欧教育模式在德国专业圈内流传起来。1988 年，一场名为“眼睛穿过城墙”的展览从瑞吉欧·艾米利亚（Reggio Emilia）传到了汉堡。在关于“儿童的一百种语言”专业会议上，意大利专业顾问卡拉·里纳尔迪（Carla Rinaldi）在小组讨论中做了主题为“托育机构——家庭教育机构”的汇报，介绍了瑞吉欧·艾米利亚托育机构的特别之处。这场讨论包括以下几个方面：对幼儿教育的偏见、全新的儿童观、重新定义父母与孩子之间的关系，特别是“环境”的作用。[①]

通过幻灯片，卡拉·里纳尔迪生动地说明了托育机构建设的基本理念：应该有个小“广场”，实现社会交往的功能；应该安装大块的玻璃，在建筑内部也如此，使其可视化；厨房应设在中心位置；入口处作为展示的“名片”。她传递了一种精细的设计理念，这种精细体现在进餐区域、睡眠区域，特别是身体护理区域：楼梯下的“空间”、清空的柜子、所有可能“用于玩耍的工具”，其中包括许多家务用具以及清空的抽屉。

英国早期优质服务中心

最近，英国托育机构引起了德国早期教育领域的注意。英国政府在 1997 年的一项教育计划中，提出要创办大约 100 所早期优质服务中心。这些中心主要是一些有社会声誉的日托机构，机构中的保教人员不仅关注儿童，还关注整个家庭。它们的目标是：预防

① Projektgruppe Reggio/Hamburg（Hrsg.）：Wenn das Auge über die Mauer springt. Hamburg，1990.

贫穷、避免社会隔绝、促进机会平等。

卫生保健、社会工作、护理和教育工作在优质早期教育中心是结合在一起的。它们为家庭提供教育服务，父母可以通过培训获得职业资格。例如，有专门为父亲或母亲提供的服务，也有家长咨询，还有为保姆提供的培训机会。

潘格润是英国最古老的幼儿中心之一，它位于英国北安普敦郡的科尔比。柏林市裴斯泰洛齐 – 福禄培尔之家[①]下属的一所托育机构与它有过深度交流。2001 年开始，在和潘格润中心的紧密合作中，该托育机构开始尝试实施早期优质服务中心的理念。[②]

科尔比的潘格润中心是一家“日托机构”，它面向的是 2~5 岁的幼儿，因此可以说它是托育机构和幼儿园的结合。这里的保教人员被称为“家庭工作者”，因为他们要照顾的不仅是幼儿，还包括幼儿的家人。一名保教人员要负责照顾 8~10 户家庭。

与瑞吉欧教育模式类似，潘格润中心的日常实践也是从儿童本身出发，他们认为父母最了解自己的孩子。因此，中心的主要工作是为父母提供教育服务，帮助他们亲自去发现孩子能做什么，以增强他们的自我意识。

保教人员为每一个孩子都建立了“档案袋”和“记录册”，这是以准确观察为依据的，观察的内容通过文字、图片或影像的形式保存下来。

如果一个孩子完全沉浸在一件事中，那么，起主导作用的“图式”或“行为模式”是特别容易观察的。图式的理念以皮亚杰的认知发展理论为基础。在潘格润中心，上述理念和费雷・莱弗斯[③]教授的鲁汶参与度量表联系在一起。

图式被定义为一种行为模式，孩子可以通过这些行为模式来自己探索世界。最常出现的图式是“线性、覆盖、旋转、来回运输、联结、容纳和圈入或者叠放”[④]。这些分类可以帮助家长明白孩子行为背后的意义，对这些行为家长之前可能不能理解，或认为

---

① 裴斯泰洛齐 – 福禄培尔之家（PestalozziFröbel-Haus），下辖多个教师培训机构和四十余家青少年扶助机构。裴斯泰洛齐（Johan Heinrich Pestalozzi，1746—1827）是 19 世纪瑞士著名的民主主义教育家。弗里德里希・威廉・奥古斯特・福禄培尔（Friedrich Wilhelm August Fröbel，1782—1852），德国教育家，被认为是 19 世纪欧洲最重要的教育家之一，现代学前教育的鼻祖；他创办了第一所被称为“幼儿园”（Kindergarten）的学前教育机构。

② Hebenstreit-Müller，S./Kühnel，B.（Hrsg.）：Kinderbeobachtung in Kitas. Erfahrungen und Methoden im ersten Early Excellence Centre in Berlin. Dohrmann Verlag，Berlin，2004.

③ Laevers，F. （Hrsg.）：Die Leuvener Engagiertheits-Skala für Kinder LES-K. Deutsche Fasuung übersetzt und bearbeitet von Klara Schlömer，Berufskolleg Erkelenz，1993.

④ Hebenstreitt-Müller，S./Kühnel，B.（Hrsg.）：Kinderbeobachtung in Kitas. Dohrmann Verlag，Berlin，2004，S. 55.

这与孩子的教育无关。

教育人员的工作是，营造一个丰富多彩和充满挑战性的环境，让孩子在这样的环境中可以做到专心致志，探索自己能力的极限。和谐的师生关系，教育者优秀的专业能力、经常进修、充足的准备时间以及科学的陪伴，这些因素共同作用才能让早期优质服务中心承担起自己的社会责任。

德国尚未对托育机构提出这样的要求，因此还没有可供比较的托育机构空间布置。但上述两者在强调新的儿童观和环境的教育意义方面存在共同点。

在制定和实施幼儿教育方案的一些重要方面，皮克勒教育理念、瑞吉欧教育模式和早期优质服务中心的理念存在一致性。因为参与者相互认识，并且相互学习。下一章将会提到的汉堡空间布置理念借鉴了这些理念的共同点，同时也借鉴了这些理念的不同之处。

一日生活是最重要的学习场域

前面介绍的几种教育理念的出发点都是儿童会做什么。因此，一日生活在这几种教育模式中有重要作用。当然，一日生活的作用与照料时间长短有关。例如，与英国早期优质服务中心相比，瑞吉欧托育机构的照料时间更长。然而，只有皮克勒教育理念把一日生活作为一个主体进行了详细阐述，这对幼儿来说是非常重要的。

一方面，进餐、睡觉、身体护理和清洁——这些内容占据了一日生活的大部分时间；另一方面，对于年幼的儿童来说，他们不像学龄儿童那样可以很熟练地完成这些事情。这些对于婴幼儿来讲是一日生活的主要内容，他们用于吃饭、洗手、上厕所的时间要比年龄大一些的儿童长，而且，如果成年人允许的话，他们还会把这些事情变成游戏：把早餐面包揉成小球，洗手的时候被滑溜溜的肥皂吸引，上完厕所一直冲水。

以舍费尔为代表的德国教育科学家强调，儿童早期的教育之所以复杂，是因为它发生在一日生活中。舍费尔写道："只有当幼儿必须解决在日常生活中遇到的问题时，问题才是可见的，幼儿也必须自主解决这个问题，也就是说，幼儿必须从众多诱惑中集中注意力，再找出适合解决目前问题的最佳方法。"[①] 因为一日生活是幼儿的主要学习场域，日常情境非常复杂，我们不能只关注儿童某一方面能力的发展。"我们把儿童的能力分为感知能力、社会能力、认知能力、情绪能力、道德能力以及其他，但我们忽视了

① Schäfer. G. E.（Hrsg）：Bildung beginnt mit der Geburt. Beltz Verlag，2005，S. 64.

一点，日常生活情境不能被归类。我们无法给生活场景贴上这样的标签：这个场景与社会的、情绪的或者道德的学习任务有关。为了解决日常生活中遇到的问题，儿童需要自己去发现他们需要调用哪些能力。”[①]

尤其对年龄较小的儿童来说，一日生活常规占有重要地位。适应成年人世界是他们主要的学习目的。

但我认为，适应成年人世界只是儿童早期教育阶段的副产品。因此我们不应该对孩子实行严格的时间管理。就算不遵守一成不变的时间计划，他们也能适

① Schäfer 2005，S. 64.

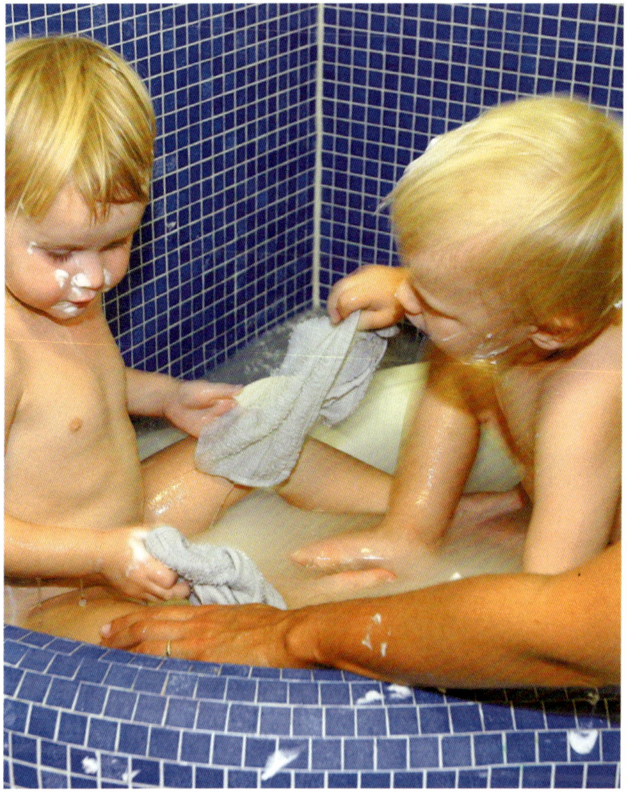

应成年人的世界。从长远来看，如果给予年幼儿童开放的游戏空间，我们就能够很清楚地看到孩子在什么时间或空间想做什么。

一方面，大约在 20 世纪 50 年代的时候，托育机构空间布置理念的发展与国际传统有关；另一方面，它的发展是特定条件下讨论出来的结果。本书讲述了汉堡的托育机构发展——汉堡是一座德国大城市，与旧联邦州的大多数城镇相比，它拥有悠久的托育机构发展史——汉堡的托育条件与旧联邦州相近，而机构布置又能与新联邦州不相上下。

旧联邦州的人们首先开始将 0～3 岁婴幼儿作为托育的主要对象，研究机构式托育应该是什么样子的。除了考虑教育因素外，资金在建立新托育机构的过程中也起到了重要作用。

下一章，我将重点介绍在不考虑经济因素的前提下，建立服务 0～3 岁婴幼儿的托育机构必须满足的条件。就我看来，我们必须了解这个年龄段儿童的特点，根据他们的需求制定一日生活安排、提供教育服务，并根据他们的兴趣进行空间布置和材料投放。

保教人员的工作包含三方面的内容：第一，你必须集中精力关注儿童的日常生活情境，这些情境对早期教育来说是非常有意义的；第二，你应该集中精力关注日常生活活动和游戏之间的过渡，如果可以的话，给予支持；第三，通过空间布置和材料投放，你可以给儿童布置一些日常任务，但是不要把主要精力放在个别的任务上。

接待区与入托适应

要让一个0～3岁的孩子早上愉快地离开家去托育机构，这是不容易的。但是你作为保教人员必须去迎接他们，这个时候困难也就出现了：由于孩子之前在托育机构中与某位保教人员建立了特别的联系，因此孩子会希望，是这位保教人员来迎接自己。

接待3岁以下儿童的托育机构保教人员必须明白，这个年龄段的孩子总是希望有人一直陪在他们身边，因此要有足够的人员来保证他们的这种依赖感。托育机构必须安排一位保教人员迎接孩子，之后也不能让孩子单独行动，需要安排第二位保教人员去照顾他。

交接的过程需要设计，因为这意味着家长和保教人员已经达成一致，但是这种一致并不容易达成。例如，当家长非常着急将孩子送入托育机构的时候，孩子和保教人员都会感到压力。

有些家长希望交接的过程快一些，而另一些则想要多待一会儿。后者想要沟通的愿望非常强烈，如果谈话不能及时结束，保教人员就不能去照顾孩子。

在孩子被送来托育机构之前，保教人员有足够的时间来布置房间和准备材料。除了迎接孩子和父母，保教人员什么也不用做。每一个孩子会从家里带来一些他们不离身的东西，即所谓“安抚物”。此外，如果托育机构里有孩子特别喜欢的地方，或非常吸引孩子的材料或玩具，孩子在这里就会感到安心。

因此，保教人员、家长和孩子每天早上都要面对相同的任务，以下这些条件可以帮到你。

- 一般情况下，父母和孩子会先进入更衣室。或者更确切地说，在保教人员迎接他们之前，他们就在入口处开始更衣了。
- 3岁以下的孩子需要父母帮他们脱衣服。因此，年龄小的孩子比年龄大的孩子需要更大的更衣室空间。这首先体现在挂钩数量上，3岁以下的孩子的更衣室挂钩通常都不够用。在这种情况下，要为年龄小的孩子准备更多的挂钩。

- 不仅仅是 3 岁以下的儿童需要座椅，对家长来说，座椅也是有帮助的，因为他们可以更好地帮孩子穿脱衣物。更衣室里应该有一张椅子或桌子，最好是折叠桌。这样，在穿脱衣物时，父母可以将孩子放在上面。对孕妇来说，这样的桌子特别有帮助。

汉堡的木工马蒂亚斯·巴克发明了一种特别的“穿衣梯”。它是阶梯式的一种椅子，最上面一级可以继续升高。孩子可以自己爬上最高一级，然后爸爸或妈妈可以通过按钮，将孩子继续升高。这对个子高的父亲来说非常有帮助。

保教人员的角色

瑞吉欧教育模式的创始人洛利斯·马拉古兹称，托育机构没有父母就像托育机构没有儿童一样，并指出了家长在瑞吉欧教育中的意义。和英国早期优质服务中心一样，瑞吉欧托育机构特别重视与家长合作——无论是接孩子还是送孩子离开托育机构。

20 世纪 80 年代中期，一种开开心心将孩子交接给托育机构的模式在德国形成，该模式借鉴了瑞吉欧托育机构的经验。以国际儿童托育的研究工作为基础，伊娃·海德沃里（Éva Hédervári）和汉斯－约阿希姆·莱文（Hans-Joachim Laewen）与柏林托育机构的实践者进行合作，研发了一种帮助 3 岁以下儿童入托适应的教育模式。①

① Laewen，H. J./Andres，B./Hedervari，E.：Die ersten Tage in der Krippe. Beltz Verlag，2003.

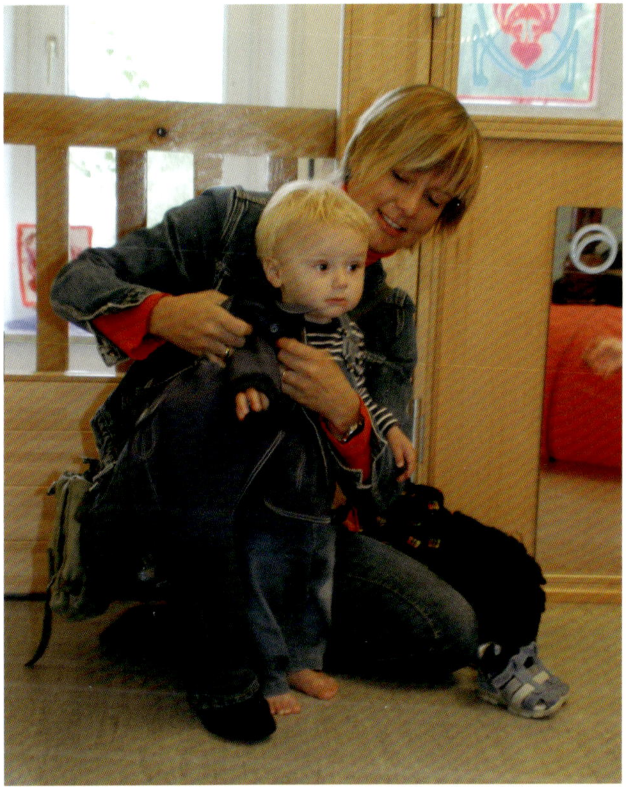

托幼服务财政负责人必须清楚，接待孩子非常关键。他们应在托育机构儿童接待标准研制方面贡献自己的一份力量。

托育机构与父母之间的“合作”建立在良好的信息公开政策之上。父母应该知道，托育机构需要他们做什么。要让他们尽早明白，他们不应把孩子像包裹那样送到托育机构，还需要过渡时间。和以往的做法不同，你必须告诉家长，你不能从一开始就承担起孩子在托育机构时的全部责任。不是你不想这么做，而是，这不可能做到。你必须用你的专业知识主动去向家长说明理由，为什么孩子不能在很短的时间内顺利地从家庭进入托育机构。

对此，“柏林儿童适应模式”给出了一些必要的理由。这一模式以儿童教育行为知识为重点，得出了以下供父母和保教人员借鉴的结论：

- 父母应该在托育机构陪伴孩子一段时间，直到保教人员与孩子顺利建立起关系为止。与孩子建立联系是保教人员最重要的任务，因为这种信任的关系是以后生活中所有事情的基础：如和其他孩子、其他保教人员以及新环境建立联系。
- 然而在孩子的适应期，保教人员不仅要和孩子之间建立联系，还要与孩子的家长建立联系。如果在这些关系中能够培养出信任，那么父母就可以安心地把孩子送入托育机构。

为了完成这项高要求的任务，儿童、父母和保教人员都需要时间。首先，托育机构的管理者应该给保教人员充分的时间去与儿童建立关系，应对儿童适应这件事情，管理者的支持是必要的前提条件。在这种情况下，保教人员团队必须与执行管理者就“适应”这个主题进行密切讨论。

最重要的是，一个孩子每周只能适应一位保教人员。多级化的儿童接待也不应给家长造成负担，尽管他们的孩子并没有受到照顾，他们也必须缴费。

此外，借助于准确的外部信息，托育机构管理者应在家长考察托育机构时就明确告知家长：第一天送孩子入托时，家长应留在机构里，不应去工作。

> “柏林儿童适应模式”清楚地表明，欲速则不达。儿童的入托适应是个平缓的过程，你越希望短时间内完成适应过程，效果可能越糟糕。

柏林儿童适应模式

为了更好地利用和优化时间资源，“柏林儿童适应模式”拟定了以下行动方式。

在托育机构管理者和家长进行入托谈话之后，保教人员和家长将与孩子一起对托育机构进行一个大致了解。保教人员和家长之间的谈话要进行一个小时左右，并且在这一个小时内，保教人员不要做其他的事情。

这次谈话就是儿童入托适应过程的第一步。保教人员应该让家长尽可能具体地去了解接下来的适应过程。[①] 此外，保教人员也要询问家长关于孩子饮食、

① 汉堡托育机构将用照片和简短的文字叙述呈现孩子的这一适应过程，这样父母就知道他们需要做些什么。

睡眠以及个人卫生方面的重要的事项：

- 孩子有什么习惯？
- 在照顾孩子的过程中，有什么需要特别注意的地方吗？
- 孩子喜欢什么？不喜欢什么？
- 孩子可能会带哪些他在家里离不开的东西？

最后，保教人员要给家长写张纸条，纸条上面包括一些孩子的必需物，如尿布和换洗的衣物。

孩子的适应过程包括以下内容。

家长或其他监护人将在某一时间带孩子来到托育机构，这个时候，保教人员会和孩子相处一个小时左右。通常来说，如果有第二位保教人员对其他孩子进行照料，那么这个过程可以在早餐时间进行。当两位保教人员都有空时，选择非进餐时间会更好，因为在早餐和午餐的时候，新来的孩子会注意托育机构其他孩子吃饭的情境，以至于他们不会注意保教人员。

让孩子最快适应托育机构生活的办法是选择合适的时间，即当其他孩子都被接走时，你有时间处理新来的孩子的事务，这听起来是个技术活且需要沉着应对。有人批评说，这样一来孩子体验的不是托育机构的典型场景，或者没有其他小朋友，他们会有点无聊。但是，这种反对意见没有抓住重点。因为新来的孩子不会那么快就认识其他小朋友并能熟悉托育机构的环境，他们在这段时间更需要与托育机构保教人员建立联系。

家长长时间待在托育机构陪伴孩子是对孩子无益的，如果可能的话，要让孩子自己开心地待在托育机构。孩子必须能接收到保教人员反复多次发出的信号，即在托育机构，有成年人对他们感兴趣。

相关研究表明，表达兴趣只是孩子和你建立关系的第一步。想要再拉近一点距离就要和孩子有眼神上的接触。只有当你和孩子保持共同注意时，你们之间的这种互动才可能富有成效。

一般来讲，在眼神交流之后，要通过玩具而不是直接的肢体接触来进一步建立关系。以玩具的形式进行交流能够给孩子这样一种感觉：这里有一个像我爸爸和妈妈一样的大人，对我感兴趣，我可以完全相信他。

因为你的时间不多，也因为建立关系对你和孩子来说都不是件容易的事情，孩子和家长前三天待在托育机构的时间不宜超过一个小时。根据“柏林儿童适应模式”，孩子和你建立信任关系至少需要三天。这就是说，家长应该做一个长时间的计划，陪孩子去托育机构待一个小时，然后再陪他们回家。

适应过程需要持续多久因人而异。“柏林儿童适应模式”从亲子依恋的角度区分了两种适应类型：一种是亲子之间不安全依恋的孩子，他们需要比较短的适应时间，另一种则是安全依恋的孩子，他们需要较长的适应时间。

乍一看，这样的分类让人摸不着头脑。那些在托育机构鲜少产生问题的孩子，他们更容易适应新环境，在面对不确定的关系时感到压力。而那些哭闹着不想和爸妈分开的孩子，却在建立确定关系方面表现出优势。

第四天，可以尝试找出适应过程需要持续多久。为了达到这个目的，可以将孩子短时间地和家长分开。如果要进行这一步，你必须和家长进行商量。在任何情况下，家长都不可以偷偷溜走，而是要与孩子进行告别，然后再快速离开，悄悄留在托育机构内某个地方。家长在离开后（最多 30 分钟）再次出现在孩子面前，或者提前出现接孩子（这一般是因为孩子一直哭或者尖叫，且保教人员不能让他们平静下来）。

如果孩子对家长离开几乎没什么反应或者能够很快被安抚，那这个孩子的适应时间就比较短。在这种情况下，第五天可以延长分别时间——除非，第五天是星期一。经历过一个周末之后，孩子只能短时间地待在托育机构也是有可能的。

在托育机构基本上没什么问题的孩子应该在第二周或者尽可能在第三周，在托育机构待上半天再接回家，因为这个时候，孩子身体和心理层面已经有较好的适应了。

根据“柏林儿童适应模式”，快速适应且没什么问题的孩子只是少数。大多数需要安全感的孩子，至少要三天时间才能与保教人员建立关系。第四天与家长分开的时候，他们会感到绝望，并且不能平静下来。这个时候，家长必须立刻将他们接走，并进行安慰。你不应该放任孩子随家长离开，而是应该做出尝试，如询问孩子是否愿意在托育机构吃午餐。

第五天，不应再进行分离尝试。你需要耐心等一等，等你和孩子的关系再次建立。为了稳固这种关系，你必须对孩子进行照料（不用太长时间）。此中原因我们不止强调过一次，这不是让孩子熟悉空间或其他孩子，而是要孩子与托育机构的一位陌生人建立关系。

对于孩子、父母和你不能顺利进行交接的情况，我们在前文已经讨论过了。其中一个重要原因是保教人员必须在一天当中和许多孩子建立关系。但是，保教人员告诉我，当他们开始进行专业的适应时，每周让一个孩子适应托育机构的生活都并不容易，因为与孩子建立关系非常困难，这不仅涉及孩子，还涉及孩子的家长。

父母将他们自己曾和孩子分开的经历，他们和孩子之间特殊的关系，他们的社会地位，他们在其他育儿机构照看自己孩子的经历以及他们当下的心理状态带入了孩子在托育机构的适应阶段当中。那些将孩子托付给你的家长，将他们的宝贝交给了你。这样一

种情绪上的共鸣就产生了。基于这种共鸣，不仅是保教人员会感受到压力，想用粗暴的方式解决孩子的哭闹，许多父母也想尽快离开托育机构，以避开这一情况下带来的压力。

但是，与父母分开的悲伤并不能烟消云散。如果这种悲伤没有得到注意和解决，那么孩子们就会自己默默地找一个发泄口。很多时候他们会生病，因为他们对送他们到托育机构的父母感到失望，他们觉得父母只想着去工作。

在托育机构的初期阶段，如果父母愿意陪伴孩子，那么孩子就会有这样的经验，即父母不会让他一个人待在托育机构。这有助于孩子和保教人员建立信任，并同时保持孩子对父母的信任。

同伴

根据依恋理论的研究结果和我个人的日常观察，我得出了这样的结论：处在适应阶段的孩子在和保教人员以及同伴的关系上有着明显的等级差别。因为我在这方面没有进行严格的科学研究，因此只能姑且谨慎地说：这给我一种感觉，似乎一个孩子刚进入托育机构时，其他孩子远没有保教人员重要。虽然一些年龄稍大的孩子也会去接触年龄尚小的孩子，但是在我所观察到的所有情况当中，我觉得存在一些问题。因为它并不是发生在保教人员和孩子建立稳定关系的背景下，这种依恋关系被取代了。

按照适应过程的顺序，你可以每天安排几个小时单独与一个孩子相处，这个过程会持续很多天。其他的孩子肯定能帮助目标孩子更加轻松地适应，一个重要原因是：孩子之间总是相互吸引的。但是，尽管孩子经常能够出人意料地明白其他孩子的行为，但是他们之间不能相互建立起一种安全感，这种安全感只能由保教人员提供。

高质量保教特征

适应过程开始前：

一方面，要向社区，如儿科医生、药房或者行政机关，公开托育机构的入托适应理念。

另一方面，托育机构负责人与家长和孩子要进行接待谈话；接下来，保教人员与家长和孩子要再次进行深入谈话，在这个谈话过程中，家长应该清楚地了解适应过程。

适应过程的基础阶段：

前三天，家长陪同孩子一起来到托育机构，尽可能是同一时间，和孩子在托育机构待大约一小时，然后和孩子一起回家。

※ 家长须知：

在任何情况下，家长都不应逼迫孩子与他们分开，或是紧紧握住孩子的手，不愿离开。家长的任务是为孩子提供一个“安全的港湾”。因此，家长不应自己看书或陪其他孩子玩耍，而要给孩子一种爸爸妈妈时刻都在身边的感觉。

最好的情况是，孩子能尽快与家长分开，家长只需要用眼神陪着他们，而不用亲自陪玩。最后，家长应该欣然接受，孩子会再次回到他们身边。这时候，他们不应将孩子打发走。

※ 保教人员须知：

当你与孩子谈话时，请与他们进行眼神交流，为他们提供游戏的机会——但是不要逼迫他们参与游戏。你应该将注意力放在这个孩子的家长身上，而不是只关注其他家长。通过这样，你传达给孩子一个信号：家长和保教人员之间是相互理解的。

第四天进行分离尝试：

第四天进行分离尝试的目的——如果第四天是星期一， 一周的开始——那目的就是确定，适应过程需要持续多久。并不是说，在任何情况下，从第四天开始，孩子都要单独留在托育机构。

根据目前的研究结果来看，只有少数孩子能够做到，在三天，也就是大约三小时内，与保教人员建立关系。大多数情况是，孩子和保教人员需要更多时间建立关系。

※ 家长须知：

抵达托育机构几分钟后，家长与孩子道别，假装离开托育机构，但是要留在托育机构。

※ 保教人员须知：

孩子的反应是继续还是停止适应过程的指挥棒。如果一个孩子表现得冷静而且对周围环境感兴趣，第一次分开的时间最多为 30 分钟。这也适用于当一个孩子开始哭泣，但是被你很快安抚下来的情形。如果一个孩子在家长走后表现惊慌失措，坐在那里一动不动或者开始哭，并且你不能使他平静下来，就必须马上让他的家长接走他。

六天的短暂适应期

即使当孩子在第四天与父母分开时没有那么大的情绪波动。也就是说，他自己在尝试着去适应周围的环境，这也可能是孩子感到压力的一种表现。研究表明，一些孩子会对与家长分开产生不可见的身体反应——压力值。因此与父母分开的时间在接下来的三天要逐步地增加，直到孩子六天后能自己一个人在托育机构待上半天。如果可能的话，孩子应该连续两周在托育机构待上半天，这样的话他的适应能力就变强了。

二至三周的长时间适应期

如果妈妈或者爸爸在第三天老是和孩子有着太多的接触，并且孩子在第四天分开时就要吵着回家，那么要将孩子的适应时间延长至二至三周。这段时间内，你可以尝试接手一些妈妈为孩子做的事情。首先你将会看到，妈妈是怎样帮孩子换尿布的，然后你要尝试着给孩子换尿布，但是当孩子反抗的时候，要马上把他送还给妈妈。在帮孩子包尿布时你的压力越小，那么你就能越轻松地帮孩子换上尿布。几天之后可以再次进行分离尝试。这个时候虽然孩子还是会哭，但是你能够安慰他了——这就意味着，如果你和孩子之间已经建立起了关系——就像在前期短暂分离时那样，妈妈离开的时间可以逐步递增。在接下来的两周，孩子应该在托育机构待上半天。

如果你无法劝慰哭泣的孩子，那可能是以下原因造成的：

- 要么是你与孩子建立联系的时间太少，那么你必须抽出时间去建立联系。
- 要么是孩子还需要时间，那么你要有耐心。

可能的话你必须和妈妈进行一次谈话，谈一谈你的感受如何。可能妈妈对托育机构的态度自相矛盾：一方面，她需要托育机构来照顾孩子；另一方面，她不想和孩子分开。如果出现这种情绪，那么要找到一种所有人能够接受的解决办法。

如果父母在适应过程结束后必须让孩子在托育机构待上一整天，那么家长的手机必须保持畅通，并且能够及时地赶过来，当保教人员和孩子相处出现问题时，要避免某些不良情况发生。

适应过程结束

当孩子对你产生了初步信任，即当孩子的父母离开时，他虽然会哭闹着找爸爸妈妈并体现出依恋行为，但是，只要这个时候你能够安抚他，并使他平复情绪继续玩耍，那么孩子的适应过程就结束了。

小组活动室作为安全基地

托育要成为独立的教育学的分支，需要有自己的环境创设和一日生活组织的理念，也就是说，既要有活动室的工作理念，又要有功能区的工作理念。出于发展的需要，0～3 岁婴幼儿需要能为他们同时提供安全和自由的空间。

婴幼儿能感到安全，一方面是因为他们与信任的保教人员共处于同一个空间中；另一方面，是因为他们对这个空间感到熟悉。这个安全基地使得婴幼儿能够自发地去发现身边的玩具，尝试新事物，改换玩法，对玩具重新进行搭配组合。

对婴幼儿来说，富有活力的探索兴趣既发生在活动室，也发生在功能室。因此，功能区域的开放式工作也能满足 3 岁以下婴幼儿的需求。关于在功能区域进行开放式工作，我知道两个汉堡托育机构的例子。为了解决上述问题，需要满足以下两个条件：

- 第一，保教人员必须形成一个团队；
- 第二，特别要注意的是，房间必须紧密挨在一起。

因此，接下来我将从小组教育学理念入手，并且

希望每个人，每个相信该理念的人，采取一种开放式工作的态度对待婴幼儿，并将这种理念渗透在婴幼儿的一日生活中。

安全空间

孩子需要一个信任的保教人员和熟悉的空间，这个空间会让他们形成一种安全感，然后从这里开始，他们就能安心地去探索周围的世界。“信任”意味着，孩子会在这个空间里开启新的一天，他们每天都要在这里待上很长一段时间，找到一个他们感到十分舒适的地方或者对他们来说十分有吸引力的东西。

这特别适合新来的孩子，还不能奔跑的孩子，不能辨别方向、感到孤立、被苛责、过度紧张、无聊、恼怒以及忧郁的孩子。针对这些孩子的情况，空间设计要给他们提供所需的东西，也就是满足他们感官上的需求，即触觉、运动觉、嗅觉、味觉、视觉和听觉上的需求，如此一来他们可能暂时就不会离开安全空间了。

自由空间

然而，孩子需要的不总是同一样东西，而是一些不一样的东西，也就是要有一些改变。他们需要满足不同发展阶段、不同兴趣和需求的空间。空间和材料必须要适合新来的和那些已经对这里有所了解的孩子，那些正在学习走路和已经会走路的孩子，以及那些喜欢安静或特别活跃的孩子。

大本营

我认为，3 岁以下婴幼儿的空间必须要特殊布置。在尝试为他们设计不一样的空间时，要从孩子的视角出发，整个空间的设计类似于“山脚下的大本营”。中心区域是安全基地，孩子们在这里可以来去自由。

对 3 岁以下的孩子来说，自由首先是指运动的自由。由于所有的孩子都有类似的成长阶段，但在发展速率上又有很大的差别，所以，为他们提供运动机会就是一个复杂但清楚的任务。孩子的年龄差别越大、成长速度越不一致，这一任务就越不容易完成。所以，我主张，混龄的年龄差不要太大，以不超过 3 岁为宜。

孩子在生命的前几年总是不停地动来动去。他们一直尝试着活动他们的身体，经常改变姿势，好奇地探索周围的一切，用手去拿他们能够得到的东西。其运动发展包括以下几个阶段。

- 第一个阶段，孩子或躺或趴，也有改变姿势的意愿。
- 第二个阶段，孩子在没有（过早得到）外力帮助的情况下尝试坐起来。
- 第三个阶段，孩子爬来爬去，从一个地方运动到另一个地方。
- 第四个阶段，孩子能够自己站起来并且开始走。
- 第五个阶段，孩子可以将所有大肌肉动作随意结合起来，并且进行新的尝试。

在第一、第二个阶段，孩子只需要很小的地面空间。

在第三个阶段，他们会在地面上进行花式爬行，调动所有的感官来感知周围的一切。

在第四个阶段，他们会先“想办法”让自己站起来，然后就要为他们提供能够跑来跑去的空间。

在第五个阶段，大约是 1 岁之后，这个年龄的大多数孩子会去托育机构。对他们来说，这个时候他们需要的不只是能在地面上站、坐、爬、躺和走动，他们还需要尝试更多的运动并确保运动的安全。

如果你能关注到孩子早期几年的发展阶段存在个体差异，那么在同一间活动室里应该布置不同的环境刺激，帮助儿童迈向下一个发展阶段。

托育机构空间布置原则：

首先要有一处空旷的空间，接下来做地板设计，然后利用中等高度的空间，最后对天花板下的空间进行布置。也就是布置成一座“山”的模型，孩子可以爬到这座“山”上去。

保教人员的角色

20 世纪 80 年代，现代婴儿研究在美国发展起来，并且融入了不同的科学研究领域，其中包括临床心理学、发展心理学和行为学，最重要的相关研究是语言发展研究和精神分析。

互相理解

因为神经生物学，现代婴儿研究完全改变了我们对于孩子的看法。婴儿研究主要致力于研究在孩子未能开口说话时，成年人和孩子如何做到互相理解。

从两个方面讲，我认为现代婴儿研究的结果很重要：一方面，新的、与婴儿现实相符的形象替换了旧的、不合适的形象；另一方面，获得了儿童发展阶段的具体知识。

就我看来，该结果可以得出三个方面的结论。

（1）保教人员对婴儿的看法和行动；

（2）婴儿之间的互动；

（3）为婴儿日常活动提供条件。

这意味着，不仅仅是托育机构的保教人员，学前阶段的保教人员、儿童双语或多语教学的保教人员、训练儿童口语表达的保教人员，都对现代婴儿研究的结论很感兴趣。简单来说：工作中要与那些不能说话或不能进行口头表达的孩子进行交流的保教人员，对这个研究结论很感兴趣。

如果人们把婴儿研究的知识应用于日常观察，就很容易发现儿童的能力——例如，与2～3个月大的婴儿进行眼神交流——对儿童来说意味着什么，这是很清楚的。眼神交流的能力不会减弱或者消失，而是人的一生当中都非常重要的沟通方式。

婴儿研究也会帮我们理解儿童的某些方面，如自主性，在发展的不同阶段会有不同表现。“4个月大的孩子会逃避眼神，7个月大的孩子会通过姿势和声音表达，14个月的孩子会跑开，而2岁的孩子会通过言语表达。”①

20世纪80年代初期，婴儿研究证实，孩子从出生开始，自我感就在发展。因此，在玛格丽·马勒（Margaret Mahler）②所说的早期阶段中，婴儿不能区分自我和他人（主要是母亲）——这个旧心理分析观点被取代了。

在此期间，人们从相反的方面出发：丹尼尔·斯特恩③认为，所谓婴儿“核心自我”形成之后，与他人在一起时，婴儿才会产生主体我的体验，即认为自我是一个统整的个体。“这种统整的自我感的获得得益于婴儿与其他人在一起时积极的主体体验，而不是要消极地把自我与他人区分开。”④

斯特恩得出结论，婴儿是出色的现实检察官。他们拥有出色的记忆能力和生动的想象力，该想象力用于处理现实生活中的经验。“许多精神分析的理论（……）似乎将婴儿期之后的发展阶段描写得更加有利，因为进入幼儿期的孩子学会了说话。”⑤在斯特恩看来，“口语表达”“自主性”和“依恋”这些话题

---

① Stern，D. N.：Die Lebenserfahrung des Säuglings. Verlag Klett Cotta 1992，S. 41.

② 玛格丽·马勒，医生和精神分析学家，出生于匈牙利，与安娜·弗洛伊德交往密切。而后流亡美国，并于1986年在美国逝世。

③ 丹尼尔·斯特恩，美国心理学家和精神科医生，现代婴儿研究的创立者之一。

④ Stern 1992，S. 24.

⑤ Stern 1992，S. 26 .

并不是在特殊和敏感的年龄段才要讨论，这些主题在孩子的一生当中都十分重要。

尽管精神分析遭到了批评，但是，斯特恩首先提出的婴儿“自我感知理论”是精神分析研究方法和发展心理学的支柱。这很合理，因为以自然科学为导向的发展心理学摒弃了用科学的言语来表达主观体验的特征。该观点认为主观体验无法成为科学研究的对象。只有从精神分析的观点出发，我们所有的体验，也就是我们的主观感受，才有必要成为科学研究的对象。

尽管从多年前人们就开始关注个体的日常生活经验，但是斯特恩认为，没有人能准确地表述自我究竟是什么。因为斯特恩认为从婴儿刚出生时，也就是在前语言阶段自我感知就开始发展。

此外还要注意到：就我看来，该断言为口头语言实际上只是众多语言中的一种提供了强有力的证明。因此，关心其他语言的发展是值得的。

因为这涉及语言产生前的阶段，所以只与直接的体验有关。斯特恩将之称为“察觉”。

婴儿如何才能察觉到他自己呢？斯特恩区分了以下特征：婴儿能感知到自己是自身行为的发起者，他能感受到身体是完整连续的，感受到自己和其他人是

不同的主体，有各自独特的情感体验。①

基于研究文献和自己的观察，斯特恩将前语言阶段分为多个时期，在这些时期当中，他所说的量的飞跃得以实现。在这些“变革阶段”，婴儿的社会形象发生了改变。

第一个有意义的社会变化发生在婴儿两三个月大的时候，这时婴儿“开始笑，看向父母，开始‘说话’”。约九个月大的时候，孩子似乎开始注意到，

① Stern 1992，S. 20f.

“他拥有内心主观感受，并且其他人也有自己的主观感受。(……)一个词都不用说，孩子也能传递信息，例如，‘妈妈，你看(你和我的注意力应该放在一个事物上)，你看，这个玩具多棒呀(你可以同我分享我快乐的主观感受)’”①。

婴儿有自我感知，这对教育工作者和父母来说都具有深远影响。在婴儿能够与他人进行交流之前，他必须先拥有自己的主观感受。这一假设为“孩子不是人们能用一些东西‘填满’的容器”这个观点进行说明。另一方面来说，由于存在许多具体且能够实现的描述，对成年人来说，哪些行为对促进儿童成长是有必要的，哪些是没必要的，有更多精确的提示。

一般来说，提供支持的行为的前提是格尔德·埃金哈德·舍费尔定义的“理解”。在前语言阶段，和儿童相互理解的方式是肢体接触、眼神交流、姿势、表情以及语言调节。通过这些方式，成年人能够理解儿童，回答他们的问题，“参与”他们的游戏和让他们“参与”进来——或者不让他们“参与”。研究清楚表明，不论是通过生物基础还是我们的文化，我们对这些任务都是有备而来的。

杰罗姆·布鲁纳明确提出是成年人用特定的方式为儿童习得语言构建了一个辅助系统。我们能在与婴儿或小朋友的交流中认识这个系统的特点：大声说，眼神交流，用简短的句子，慢慢地、清楚地说“妈妈语”。②

从儿童方面出发，我们发现了一种能力，著名的美国语言学家艾弗拉姆·诺姆·乔姆斯基(Avram Noam Chomsky)将其称为语言习得能力。在语言习得的生物学基础和成年人为儿童构建的辅助系统的支持下，儿童能够学习他周围的语言。

这些研究结果可以用两种方式解读：“理解”之类的概念表达的不是社会教育学乌托邦，而是通过使用实践经验形成的范畴去指导教育实践方向。这些概念将目标、过程和教育行为指导集于一体。

此外，我认为婴儿研究和语言心理学的知识对于教育者来说是振奋人心的。因为这些知识清楚地表明：家长和孩子能够做到一切。

陪伴

我在这里使用的词不是照顾、关怀或是护理，而是陪伴，因为我想要更加准确地把握成年人和孩子之间的关系。在我眼里，“陪伴”一词包含了关心和照顾，而不是对孩子的行为加以限制。

① Stern 1992，S. 22f.

② Bruner，J.：Wie das Kind sprechen lernt. Verlag Hans Huber，2002.

不同于"挑战"的理念，我将"陪伴"运用于日常生活情境，尽管这些情境对小朋友来说是挑战。借助于"陪伴"一词，我想要把保教人员的具体行为和孩子的体验联系起来。并且我认为，比起"照顾"，"陪伴"可以更好地解释这一切，而且在唐纳德·温尼科特看来，"陪伴"是父母扮演的最重要的角色之一，即便父母在场，也应该给予孩子一定自主活动的空间。

理解和陪伴自然是不可分割的，但是陪伴更加强调行动层面。

照顾年幼的儿童是理所当然的，但是我们该如何去做？如果我们在照顾孩子的时候想要理解他们，就必须采取一种非自发性的行为。

在吃饭、睡觉、身体护理和健康教育这些生活场景中，父母和孩子之间最可能发生矛盾。因此，市面上针对这些事情的育儿指导异常火爆。在今天，托育机构试图通过建立非常严格的规章制度去解决相关问题。

如果我把你看成一位陪伴者，一方面强调的是你的行为能力，如果你工作起来十分专业，你就不会觉得孩子不尊重你；另一方面，一旦你了解孩子的潜能，你就能控制住自己的情绪。你不必总是干涉孩子，重视遵从规章制度，而没有去重视孩子的反应和他们的自我教育能力。

在本书关于吃饭、睡觉、身体护理和健康教育那些章节里，我将十分详细地说明，你如何在日常生活当中扮演好一个陪伴者的角色。

挑战

在日常生活当中，我们应该给孩子准备一些材料，为他们布置一些任务以及制订一些计划来考验孩子。但是我认为，我们不应像贝亚特·安德烈斯（Beate Andres）和哈尧·赖温（Hajo Laewen）[①]要求的那样过分苛求孩子。我们不应该让每个孩子都做到他们的极限。但有时语言已经透露了这种信息：要求孩子满足父母的期望和抱负。

赖温和安德烈斯认为，过分要求是建立在社会对儿童的合法期待基础之上的。一方面，因为期望听到儿童的回答，人们会调整提要求的方式。但是，儿童是否理解了成年人的要求，儿童对过分要求的反应本身就是值得关注的主题。我认为，"过分要求"这个概念忽视了孩子对周围环境的接受程度。另一方面，我们永远在苛求孩子，只要我们想这样做：我们的环境、我们的日常生活、我们的弱点……

通常来说，成年人要求儿童做些什么非常容易，

---

① Laewen，H.-J. /Andres，B.（Hrsg）：Bildung und Erziehung in der fruehen Kindheit. Beltz Verlag 2002，S. 86ff.

基于神经生物学的研究，我认为，让3岁以下的儿童去面对整个文化对知识的要求是没有意义的。在本书中，我致力于研究的是保教人员可以也应该为儿童提供支持其发展的领域，如“动作”和“创意”。对我来说，在这两个领域中，日常生活经验是衡量保教质量的标准，因为托育机构保教人员越少联系儿童的生活经验，他们的教学就会越没有效果。这意味着，只有当教学与儿童相适宜时，儿童才能获得持续的经验。

在“动作”和“创意”领域的教学，人们不能以课堂的形式为小朋友呈现——除非，人们想训练儿童。因此，教学必须是自然的。

为了培养0~3岁婴幼儿的身体灵敏性，同时拓宽他们的运动项目，需要对空间进行相应的设计。虽然你不需要教他们绘画、算数和画表格，但是如果孩子没有相应的材料和合适的机会，他们就不能实现自己的能力。挑战来自保教人员要在观察和理解儿童的基础上陪伴、支持儿童。

在关于动作和创意的章节当中，我具体描述了保教人员的挑战在哪里。同时也明确表明保教人员最基本的挑战在于，设计出一个适合孩子，也适合自己的活动方案。

因此我这里谈及的是要求。如果我想要求某人，那么我必须自己做好准备。就我看来，在儿童参与活动之前，我应该自己尝试。

如果要区分要求和陪伴，首先强调的是两个词的着重点不一样。在日常生活中，成年人和儿童都会遇到或多或少的需要解决的困难——尽管很多时候儿童由成年人带领着，但他们也会遇到难题。

同伴

对于婴幼儿来说，同伴很重要，因为只有在同伴之间，建立在相互平等基础之上的关系才能发展起来。同伴处在同龄或是同一发展阶段，这样儿童才有机会建立平等的关系。他们能够相互协调行动，并且能够理解其他人的需求。

儿童之间的关系是通过空间亲近产生的。友谊对于他们来说不是一个过程，而是一个结果。

朋友往往是和你一起玩耍的人，在共同玩耍的过程当中，友谊就自然而然地产生了。这意味着，在一段友谊形成的过程中，身体上的，也就是空间上的靠近发生在心理信任之前。[①]

信任产生于长时间的接触。婴幼儿建立友谊的首要条件是，父母定期让孩子和其他小朋友相处。

直到 20 世纪 70 年代，人们才开始对 3 岁以下婴幼儿的同伴关系进行科学研究。30 年来的研究成果驳倒了关于婴幼儿“不适合集体生活”的偏见。[②]

然而人们可以注意到，尽管在托育机构当中具备了必要的条件，即空间上的近距离，3 岁以下的孩子还是不会自己交朋友。对此种现象的解释是，在特定的时间点，托育机构相似的孩子太少。这引起了蕾娜特·瓦伦丁（Renate Valtin）对儿童友谊的研究兴趣。瓦伦丁得出结论，儿童会被相似的同伴吸引，而相似不仅指年龄相似、性别相同，还与个体的外在特征有关：如一样高、一样有力、一样瘦或者一样敏捷。

针对 8～12 岁孩子的问卷表明，相似性和相互性有关。也许，儿童能从外在特征的比较中推断出内心想法的相似性。对于问题“好朋友应该是什么样子的”，蕾娜特·瓦伦丁从一个 8 岁的小女孩那儿得到了回答：“她应该和我一样高，比我矮一点或者高一点。不能对我撒谎。能每天接我并陪我一起玩。”[③]同样是 8 岁的小男孩这样回答这个问题，非常简洁：“对我的口味。”[④]

因此，儿童对相似的人很感兴趣，因为他们能与其他儿童——和成年人或较大年龄的儿童不一样——进行比较。这样的比较有助于儿童自我概念的发展。但是差别越大，能比较的点就越少。

---

① Valtin，R.：Mit dem augen der Kinder. Freundschaft，Geheimnisse，Luegen，Streit und Strafe. Rowohlt Verlag 1991.

② Schneider，K./Wüstenberg，W.：Kinderfreundschaften im Krabbelalter. In：Deutsches Jungendinstitut（Hrsg.）：Was für Kinder. Koesel-Verlag 1993，S. 130.

③ Valtin，S. 59.

④ Valtin，S. 59.

蕾娜特·瓦伦丁问6岁的男孩亚历山大："为什么你们不在一起玩了？"他答道："因为他比我厉害，而且他还比我高。"[1]

对于年龄较大，也就是10岁以上的儿童来说，语言交流变得越来越重要。这使得同伴间能够互相信任，一起讨论问题，获得心灵上的帮助以及听取他人

① Valtin，S. 48.

的意见。但对于年幼一些的孩子来说，共同行动则起着决定性的作用。在渴望获得心理平等——即能够相互交流——之前，孩子们已经对生理平等或体征上的相似有了需求。

因为无论是几岁的孩子，他们之间的友谊都建立在平等的基础之上，所以追求权力和支配地位会损害友谊关系的正常运作。在年幼的孩子身上，支配地位首先表现在使用身体的力量，用身体做一些会带来伤害的行为，以及争夺别人的东西。而稍大一点儿的孩子则可能利用语言表达上的优势做些吹牛、羞辱他人、告密或者诽谤的事情。对于年幼的孩子来说，如果兴趣不一样，那么他们之间的友谊就走到了尽头。根据观察，维布克·沃斯滕贝格（Wiebke Wüstenberg）推测，如果孩子处在一段有冲突的关系当中，那么这种冲突可能和成年人的理解不同，与其他关系一样，冲突对儿童的发展同样有价值。研究结果非常有意思：在孩子的争论当中，并不是比较强壮的一方说了算，而是看谁“先得到了某个东西”。[①]

当大人们想要从 8 岁以上的孩子那里了解他们之间的关系如何时，孩子们会怎么回答呢？他们不会说出自己内心的想法，而是做一些看得见的行为。例如，他们会表现得十分友好且没有攻击性，他们会向对方微笑或吐舌头，他们容易相处而不会调皮捣蛋，他们会分享而不是将所有的东西都占为己有，他们对彼此诚实，不撒谎，给对方带来快乐而不是侮辱。[②]

对于那些没有办法进行询问的 3 岁以下孩子来说，我们可以从这些年龄稍大一点儿的孩子给出的关于友谊行为的描述当中得出什么结论呢？

年幼的孩子和年长的孩子不一样，他们主要通过肢体语言来交流。他们认为，看得见的行为就是他们这个年龄段交友的基础。因此对于他们来说，重要的事情是关注他人的行为。他人言语和非言语的行为都对他们交友有所帮助。他们做力所能及的事情，因此在遇到相似的儿童时，他们之间存在建立友谊关系的可能性。

还有一个看起来很容易得到否定回答的问题，那就是双胞胎是否应该分开在不同的小组。如果不在同一个小组，分开一年多的双胞胎姐妹有更多和同龄人建立友谊的机会。

① Schneider/Wuestenberg，S. 132.

② Valtin，S. 61.

当我们想和儿童一起玩耍时，我们的身体却受到了限制。即使我们想，我们也不可能把自己的身体变小、变轻，成为和儿童平等的玩伴。毕竟，我们与儿童完全不同。

从这点出发，我认为将成年人看作早期教育过程的设计师是没有意义的。儿童对自己的身体的控制，比成年人所认为的更直接、更好。基于此，空间布置和材料选择至少要保证两个孩子能在一起玩耍而不被打扰，这是很有意义的。

作为保教人员，你应该从发展婴幼儿同伴关系的角度出发，让孩子在托育机构中至少拥有一个好朋友。这与你为孩子提供的安全感是同等重要的。

混龄

许多混龄分组的支持者要求托育机构考虑 3 岁以下儿童的特别之处。[①] 特别之处是指：喜欢安静、有个人生活节奏以及受发展阶段限制的语言水平。

这些意味着什么呢？意味着儿童需要自己的卧室、不同的吃饭时间和能用适宜的方式与儿童交流，能理解他们的保教人员。

这意味着：对于 0～3 岁的婴幼儿，我们要做专门的空间布置、日程安排以及为这个年龄段配备专属的保教人员。就我看来，确保孩子有自己的时间和空间、配备专业人士、关注不同年龄段的孩子是很有意义的。

尽管我们支持在托育机构的孩子存在一定跨度年龄差，而并非全是同岁的孩子，但会爬的小孩儿与 2～3 岁孩子之间的差距很大，你必须考虑到这些孩子的不同发展阶段。

对于跨度较大的混龄分组的意义一直以来都有争议，在这里，我想再次指出同龄分组的重要性。我多次谈论孩子之间的关系，这并不是巧合。

联系或是关系？在雷纳特・蒂尔施（Renate Thiersch）和雷金・迈尔 – 艾琴（Regine Maier-Aichen）的研究中，他们区分了同龄孩子和非同龄孩子之间的关系。他们还区分了联系、玩伴关系和友谊。

在所有不同年龄段的孩子当中，他们之间存在着各种各样的联系。孩子之间的玩伴关系只能持续很短

① Klein，L./Vogt，H.：Leben in der Familiengruppe. Lambertus Verlag，1995.

的时间，并且他们经常更换玩伴。与此相反，友谊是相互之间比较亲密的关系。但是通常情况下，这种区分只出现在年龄差小于半岁的孩子身上。①

雷纳特·蒂尔施指出，当许多不同年龄的孩子在一起玩耍时，托育机构的开放性是必要的补充条件。这能让我们合理地去评价年龄相差较大孩子的不同兴趣和需求以及同龄孩子对于彼此的需要。因此，托育机构应当将年龄层进行均匀分配，不要把孩子单独和与他有明显年龄差距的孩子安排在一起。

该研究不仅在组织方面存在难度，而且在分组规模方面存在挑战。例如，15 名 1~6 岁的孩子，要使每个年龄组至少有 2 名或最多 3 名孩子为同一年龄，这是不可能的。在一组 18 名 3~12 岁孩子中，甚至不可能有两名孩子是同一年龄。瑞典托育机构称，这在实践过程中是有问题的，孩子年龄越大，年龄差较

① Thiersch, R./Maier-Aichen, R.: Studie über die Beziehungen von Kindern in drei unterschiedlichen Einrichtungen unter dem Gesichtspunkt von Altersmischung und Öffnung der Gruppen. Landeswohlfahrtsverband Württemberg-Hohenzollern, 1991-95.

大的小组就会增强混龄工作的趋势。以上这些都要求有组织有计划地进行，工作也会因此遭受巨大困难。

在年龄差较小的分组中，如 12 名 0～3 岁孩子在活动中可以分为 4 个小组，他们可以自行选择。我之所以说要分成 4 组，是因为 1 岁以下的组最好不超过两人，而且最好有两组，这样可以避免当一个新生儿或婴儿加入时出现一组只有一名婴儿的情况。

就我看来，现在应该正确看待大跨度混龄的问题了。你不必计划和安排孩子需要什么，也就是说，你要考虑的是，为年龄相仿的孩子构建一个日常空间。不同年龄孩子的交往，是在许多日常事务中发生的，例如，在晨间、下午和户外活动过程中，或者在一些特殊的事件或节日中。

运动区、休息区、感知区和游戏区

实际上，相对于我们熟悉的五感来说，我们至少拥有六觉。

可惜的是，人们没有给第“六”觉一个通常的名称。

人们可能会将它称作“运动觉”。但它涉及的是关于许多知觉的总和：平衡觉（前庭系统）、肌肉觉（动觉系统）以及内部器官（内脏系统）。这些对我们的发展起到巨大作用。我们可能并不知晓这些感官系统，因为一般来说，我们感觉不到。但是作为教育工作者，我们应该对这些有所感觉，因为它们和视觉、听觉、触觉、嗅觉、味觉一样重要。

许多孩子快 1 岁时开始行走，与其他物种相比，这还是太晚了。

我们的运动形式——双腿直立行走——是一件特别困难的事情。丽丝 · 艾略特[①]解释道：“一个原因是运动觉处理信息的方式非常复杂。运动觉和感知器官接收信息的方式不同，在感知器官中，信息从外部世界进入大脑，而所有的运动过程总是需要持续的反馈：哪怕是最微小的动作，大脑和外部世界之间仍然会有持续性的信息流动。”[②]

动作的发展遵循从头到脚的规律。“正常情况下孩子先学会头部和面部的动作（如微笑、大叫、摇头和抬头），再是手部运动（如有目的性地抓取一些东西），最后是腿部运动（如爬和走）。”[③]

但是，动作的发展不单单是按照基因决定的顺序，在某个时间点发展某个动作相应的神经网络。正如丽丝 · 艾略特强调的那样：“其他因素在动作发展

① 丽丝 · 艾略特，美国神经生物学家，主要研究 5 岁前儿童的大脑发育。

② Eliot，L.：Was geht die drinnen vor. Berlin Verlag 2001，S. 377.

③ Eliot，S. 389.

过程中同样重要，其中包括：感觉器官的发育、身体发育、身体的力量水平、营养、动机、心理状态以及日常练习。”[①]

“事实上，孩子加强运动能力的方式与成年人无异，也就是通过不断的练习。获得新的技能例如独立行走对孩子来说是不容易的，这是逐步建立在早期能力的基础上——手脚乱动、站、被领着走，或者经过一周或一个月的不断尝试。”[②]

孩子和成年人唯一的区别是，只有当孩子的大脑发育成熟，他们才能自己掌握一些特定的技能。因此：“在合适的时间点进行练习是十分重要的。”[③]

我们相信，孩子天生会积极地活动他们的身体。不论是婴儿研究的结果，还是通过我们的日常观察都能证实这一点。

因此托育机构的任务是，给孩子提供一个安全的环境，在这里孩子能够自由活动身体。这听起来很容易，但做起来很难。因为你一方面要在安全和挑战中间找到一个平衡；另一方面要创造条件，使所有的孩子在合适的时间点都能够有练习的机会。在这个过程中，了解发展进程、“时间点”和特殊发展需求是很有帮助的。但是，所有这些都需要在空间布置和材料选择方面“体现”出来。

长时间以来，并没有专门的托育理论可供保教人员采用，托育机构多采用一种混合理念，即将幼儿教育学、医疗卫生和玩具产业三种理念相结合。

在过去的二十几年里，人们才意识到，年龄小的儿童并不需要很多玩具，但需要更多材料去玩耍。虽然卫生很重要，但是过去对卫生的要求也有些过高了，托育机构的活动室应该完全不同于幼儿园——3～6 岁儿童的幼儿园活动室也应该区别于传统的学前班。

在德国，托育研究领域中有小部分创新的出版物与心理运动有关。注重实践，从儿童发展的“完整性”出发，萨比娜・海尔姆（Sabine Herm）在 1979 年[④]发表的文章就是一个很好的例子。

将理念付诸实践的最具体方法源于心理运动领域，心理运动学的观点认为小朋友通过他们的所有感官，特别是通过大脑认识世界，这也与他们的动作发展、情绪发展、认知发展和社会性发展有关系。尽管托育实践要感谢心理运动学，但我不准备再多解释此

---

① Eliot，S. 391.

② Eliot，S. 394.

③ Eliot，S. 394.

④ Herm，S.：Psychomotorische Spiele Für Kinder in Krippen und Kindergaerten. Luchterhand，2001.

概念。两个理由：

第一，一些基于心理运动学的托育实践也没有达到心理运动学对“运动练习”和“为托育机构孩子布置的运动时间”的要求。[①]第二，格尔德·埃金哈德·舍费尔的教育理念对孩子早期通过身体感知世界持不同观点。舍费尔的教育理念强调儿童通过身体获得远端感觉和近端感觉。因此，他创建了一个指导框架，在这个框架下，完全可以不借助心理运动学的概念。

从地面开始进行空间布置

儿童需要安全和自由。两者密不可分：可以将婴儿背在身后，让他处于一个安全的姿势并且手、脚、腿、脑袋拥有最大程度的活动自由。如果他能自己尝试新的运动，那么他将保持内心平衡并且感到更加安全。

我们习惯将1岁孩子的身体发展阶段进行粗略划分。当一个婴儿能够翻身，当一个孩子开始爬，接下来会发生什么呢？这常常不被我们注意。

如果我们试图对孩子会做什么进行更准确的描述，那么需要寻找更合适的概念，这并不容易。但也会产生以下四个方面的影响：

- 第一，感知和概念更为精细；
- 第二，尊重儿童取得的成就；
- 第三，退后，当孩子专注于自己的活动时不要插手；
- 第四，我们给孩子布置空间时应该注意一些事项。

艾米·皮克勒在幼儿空间布置方面找到了以下的经验法则：

> 提供给孩子的空间应该大于他们实际上能利用到的空间。

乍一看，这一说法给空间布置提出了很高的要求。它包括两方面的信息。首先成年人应该在认真考虑之后对孩子的行为做出约束，其次这些约束不是“机械的”，而是要在观察孩子行为的基础上进行调整。但是用这种方法同样要考虑到的是：孩子对于安全感和归属感的需要以及孩子想要探索周边世界的强烈愿望。

艾米·皮克勒的经验法则指出，对于能够自己翻身的孩子必须要给他床以外的空间。这也意味着，在婴儿能翻身之前就把他放在地垫上是徒劳无益的。但

① van Dieken，Ch.：So geht es mit Krippenkindern. Sonderheft der Zeitschrift »kindergarten heute« 2002，S. 32f.

是当这个孩子能够翻身以及开始在地上匍匐前进或是贴地爬行时，我们就需要在地上铺一张垫子。这个时候传统的做法是还要装上婴儿围栏。

虽然安装围栏的做法已经过时了，但是围栏确实能够保护孩子，它最重要的作用是保护婴儿免受其他孩子的干扰。有时候在群体当中存在这样的情况，年长一点儿的孩子必须要保护年幼的孩子。但在群体当中，孩子之间的年龄差越大，那么问题就越是不能满意地解决。

此外，假如托育机构里面的工作人员不是那么捉襟见肘的话，孩子们就不会在稍有压力时就不开心。这种情况下，就算是不合适的年龄分组也不会有什么问题。而现在，在这些情况下只能采取妥协的办法：例如当其他的孩子在自顾自玩的时候，将 1 岁以下的婴儿用婴儿围栏围在里面，将另一个小孩带去换尿布。这显然是一个迫不得已的做法。

托育机构空间布置的独特之处在于地面布置，如光滑的平台、台阶、斜面、小洞穴或者升降台。

如果孩子开始爬行，光扩大他的“活动范围”是不够的。孩子应该要在坐着和站着的时候能够探索周围的一切。这意味着什么呢？这就提出了第一个挑战：设定不同高度。

年幼的孩子就好比是竞技运动员。他们不知疲倦地反复训练着自己的身体。如果我们允许或是他们有机会的话，在 1 岁的时候，他们就会经常在台阶上、楼梯上或者在楼梯弯道那里爬上爬下，这样做给他们带来的乐趣不容忽视。

另外我还想补充一点：幼儿从他们的行动当中感受到了“一些反馈”，也体验到了自己对环境的掌控感。活动范围的扩大让他们看到了事物不一样的方面，并且通过调整自己的行为，他们的动作技能不断得到发展，而这些则是成年人常常会忽视掉的。

小朋友需要各种各样的“障碍”或者台阶。例如，一个足够宽的台阶可以当作一个平台。对小朋友来说，第一个挑战就是，地面和平台有一定的高度差。如果孩子已经走得很好了，该挑战就可以取消，但是“孩子要站在高处”的需要应得到满足。将平台升高可以作为舞台使用，如果空间中间已经有平台存在，那么它可以作为小岛或者小山坡。小朋友可以在平台之间来回穿梭，还可以改变“交通”方向或者路线。

两级平台能提供更多可能性：因为存在高度差，这是一个很好的聚集地，比舞台更棒。此外，两级平台比一级平台有更多其他的用处，当然还有三级平台。平台越多，高度就越高，我们必须确保儿童的安全。

如果我们注意到儿童周围的不同高度，我们会得出：不断在“上升和下降”之间变化是很有意义的。儿童会通过什么方式方法上下移动呢？答案是“旋转楼梯”、木梯和表面材料不同的不规则梯子，如软木或者金属，它们能提供更多的可能性。

中等高度的空间布置

丽丝·艾略特写道：“精神的发展在很大程度上是一个累积的过程。作为最早的成熟感官之一，前庭系统为婴儿提供了大部分的最早期感官体验。这些感官体验可能在孩子感觉和运动能力的形成方面具有决定性的作用，而感觉和运动的能力又会影响情绪和认

知功能的发展。[1] 此外，她还写道："如果没有前庭系统，我们就不能保持头部和身体的直立状态，而且身体的大部分部位，特别是眼睛也不能高度精准地活动。前庭系统掌握着人体重力和运动的方向，允许我们改变身体姿势和运动，保持平衡，保持动作连贯。"[2] 尽管人体的平衡器官一生下来就能够发挥作用，但是要到儿童差不多 7 岁时，它的功能才达到第一个发育高峰，并且在青春期时完全成熟。

社会性的发展和身体的发育几乎是同时进行的，伴随着儿童活动范围逐步扩展的是平衡觉的逐渐发展，平衡觉的发展不仅是自然成熟的过程，而且依赖于外部环境的刺激。

① Eliot，S. 220.

② Eliot，S. 210.

当婴儿还不会晃动、转身和摇摆的时候，他们通常也会做正确的尝试。这对空间布置有什么意义呢？一般来说：所有孩子在一天中都应该有机会去练习平衡觉和运动技能。具体来说：每个孩子——在合适的时间点——都应该有晃动、转身和摇摆的机会。

在能让婴幼儿感到安全的空间里，挂在天花板下的秋千应该和窗户一样是必需的，因为对孩子来说，平衡觉和视觉的发展一样重要。

如果稳定的挂钩不能固定在天花板上，那么就必须建立一个横梁结构，这是每个木工都可以做到的。

横梁不应该装置在天花板下面。要确保它的高度为 2.2 米，大多数保教人员都够得着。此外，还要缩短秋千的摆长。

两个横梁应该平行放置，中间还要放一块木板——就像字母 H 一样——连接起来。这样就有更多的悬挂可能性，这不会使儿童“剧烈”地晃荡，而是温柔地摆动。

所有的悬挂装置都要保证安全性、牢固性以及便于使用。

对孩子来说最重要的东西当然是悬挂装置。如吊球[1]、吊床或者木跷跷板。但是在安装这些东西之前，你必须要考虑以下问题。

- 房间有多大？
- 哪里可以长时间固定这些装置？当孩子想要玩的时候，可以满足孩子的需要。
- 把这些东西安装在哪里不会造成阻碍？
- 应该要悬挂一些什么东西呢？只是孩子玩的吊球或是木跷跷板吗？或者挂一些大人小孩儿都能玩的东西？如摇摇椅，大人可以让小孩儿坐在腿上一起玩。妈妈也可以为了孩子适应而一起玩。当然，在托育机构里孩子可以一个人，或者两个人、三个人一起玩。
- 除了吊床和吊椅，还有一些其他适合于孩子玩的东西，如空中秋千椅。

请你注意，不仅仅是年长一点儿的孩子，年幼的孩子也可以玩这些东西。

可惜室内的空间有限，同时也存在时间上的限制。况且，托育机构的资金也十分短缺。要找到适宜的解决方案，你还需要挤出时间去获取信息、查阅、调查、思考，和同事们一起商量，去做一些尝试和观察，找出什么是有效的，哪些是需要摒弃的。

但是你不要这么快就放弃。根据我的经验，每个房间当中都会有用于悬挂这些东西的位置，如房间中间、角落或者走廊。如果前厅的内窗安装在隔墙上或者都是玻璃门的话，那么你可以透过这个玻璃门间接和孩子建立联系。

如果找到了这样的一个位置，孩子在玩耍时就不会再有时间上的紧迫感，因为孩子可以随时使用这些东西。因此也就不存在孩子迫切地想玩某样东西这种情况，因为他们有自己玩耍的节奏，所以一般情况下他们不会想要同时玩这些东西。

尽管如此，孩子之间也会存在矛盾，你要通过观察来发现可能存在的矛盾。

- 孩子总想一个人待着吗？或者秋千只能一个人玩？在这种情况下你应该想办法安装一个可以很多人一起玩的秋千，如空中秋千椅。
- 孩子一直想要玩秋千，且不愿撒手？在这种情况下你应该再安装一个秋千，这样既能满足这个孩子的需要，又不至于让其他孩子没有玩的机会。

也许你可以通过改变活动区域来节省空间，如选择悬挂在墙上的折叠桌。

为了创造活动空间，能够折叠起来挂在墙上的桌子不应该太小，但是由于技术原因也不能太大。[2]由

① 吊球是一种由西沙尔麻或其他麻料编织而成的球状物体。
② 最长不超过 1.4 米。

专业人士进行安装可以保证安全。当桌子被挂得比较高的时候，为了能够让孩子更充分利用，可以在它的底部安装一些镜面。

经费支出是需要事先安排的：在本书中，你不仅能找到关于购买装备和材料的建议，而且还有一些关于出于何种理由，你没必要购买某些物品的提示。因此你会考虑，对你和孩子来说，到底什么才是真的有意义的，你会购买一切有意义的物品。在这个过程中，你会进行尝试，知道什么真的合适，而什么又必须做出改变。

天花板下的空间布置

在许多幼儿园中，能够找到安装好的游玩平台或者需要自己组装的材料。但它们往往不适合托育机构，因为较高和直上直下的阶梯对婴幼儿来说太危险了。

针对 0~3 岁孩子托育机构家具的行业在逐渐发展，在极少数的空间布置方案中会设计一定倾斜程度的低平台、一些台阶和能够爬行的隧道。我承认，这些公司也意识到了其他家具对于 0~3 岁婴幼儿来讲还是太危险了。

为什么在托育机构里强调天花板下的空间布置呢？主要有两个理由。

第一，孩子依赖于保教人员的视线接触和话语交流，他们通常会选择待在群体空间。群体空间必须是多功能的，但是地面上的空间却受到了限制。你可以通过利用空间高度来扩大使用面积。第二，天花板下的空间布置能提供不同的运动和休息可能性。

当然，在思考儿童设施的时候，你也必须考虑安全问题。这不仅针对 3 岁以下，还针对 3 岁以上的孩子，因为他们需要有足够高度和带栏杆的阳台，确保他们不会摔下来。

托育机构中的儿童应该一整天都能在活动室里活动：一些小朋友在爬，一些在跑、爬楼梯或者荡秋千，他们能在不同的活动之间转换。当然，他们也需要休息。此外，他们还需要做不同的事情。也就是说他们除了在运动区和休息区以外，还在绘画区、建筑区和角色扮演区玩耍。

活动室还有一部分空间是用于摆放桌椅，供儿童用餐的。当然还需要睡觉的地方。你作为保教人员，也应该拥有自己的空间。所有这些要求很难在一个空间得到满足，因此在汉堡教育理念的框架下，木工马蒂亚斯·巴克发明了一种专为幼儿园设计的特别装置。他的游戏平台使得儿童能在活动室内吃饭、睡觉、运动、休息和玩耍——儿童可以根据自己的需要选择单独或者多人玩耍。

根据需要利用多少空间、如何对空间进行分割、空间需要多高等问题，马蒂亚斯·巴克设计了不同的区域，并在高度上进行了单层、双层甚至多层的划分，孩子可以在上面睡觉。

在其他时间，孩子可以上下爬行或者跳跃。孩子可以从平台往下看，隐藏起来或者和其他孩子一起玩耍休息。

不管你的房子是什么风格的，确定的是，人们照顾 0~3 岁的孩子不需要新房子，而是一个全新的内部空间设计。

虽然在这一章中我从现实的原因出发只提到了活动室，但是我还想要强调一点：托育机构的孩子还需要一个辅助室，这是毋庸置疑的。如果以混龄的形式

来照顾孩子，直到孩子上小学的话，我认为两个房间非常有必要。当孩子处在不同的发展阶段，托育机构的保教人员却给予他们相同的照料，那么我在章节末尾总结出来的照料质量是无法得到实现的。

此外还应该注意到在功能区域的开放式工作中照顾 3 岁以下的孩子。为了使孩子能够快速适应，通常来说还需要私人空间，也就是所谓巢窝。在空间可以满足照料质量的前提条件下，才可以安排这样的私人空间。这并不是要你重新调整活动室的其他区域。如果你是为年龄最小的孩子准备私人空间，那么配备必

要物品就足够了。

各式各样的游戏和活动设施

在任何情况下，托育机构里面的设施都应该体现多样性，如凳子的高度应该有所不同。我在布置托育机构用餐区域的章节里面提到了可以用来替代凳子的物品，并且解释了为什么要选择这样的凳子，以满足托育机构对于座位的要求。

人们可以购买矮凳[1]。它们不能满足托育机构对凳子的所有要求。但它不仅能够当作坐具，还能够作为玩具。因此，它不应该是圆形的，而应该是四边形的。人们不仅能将这些凳子并排或者叠加放置，还可以把它拼成长凳子、桌子、床，或者用它来划分界限。多功能性比可折叠性更加重要，因为孩子在使用凳子的时候，他们不一定需要折叠或移动这些凳子。

马蒂亚斯・巴克发明的“组装凳子”对选择多功能凳子进行了补充。该凳子由一条水平和两条垂直的木板组成，中间用一个四边形的木板将其进行连接。它们可以并排和叠加放置，可以用来划分界限，作为容器或者可以当作床、柜子、玩具车或柜台使用。

我非常赞成不给孩子在房间里专门设一个角色扮演区或是玩偶区。对小朋友的角色扮演游戏来说，幼

① 22 厘米高的凳子。

儿园提供传统家具是不合适的，因为它们假设了一个非常现实且复杂的情节，而这些，孩子只有再长大一点儿才会懂得。

0～3 岁的孩子需要的是日常生活中的材料，这些材料的功能不是确定不变的，这样孩子就可以自主改变材料的用途。如下面这样：

- 大大小小、薄厚不一的毯子，可以用来坐下、躺下，把自己裹起来或是变成一个洞钻到里面；
- 小的、大的、长方形的、正方形的或者圆的枕头，其中有一些质地柔软，有一些则十分坚硬，枕头里面的填充物可以是大米、豆子或者只是空气。

孩子在进行角色扮演时需要尽可能多的材料。例如：

- 手帕；
- 各种各样的袋子和容器；
- 纸板；
- 装有真实的包扎工具的医疗箱；
- 锅、碗、罐子、打蛋器和铲子；
- 镜子。

孩子只需要挑选少量的东西来装扮自己。例如：

- 经久耐用的服装和饰物；
- 小帽沿的渔夫帽和各种漂亮的毛线帽。

孩子的所有用具必须放在架子上或是挂起来，而且还能让孩子看得见够得着。

镜子对梳妆打扮来说是不可或缺的，它们还应该拥有各种形状。考虑到幼儿的情况，镜子应该安装在墙面的踢脚线以上区域。

每一个房间里面都应该有一面大镜子，尽量不要用镜面瓷砖，这样孩子就能没有障碍地照镜子。你可以将镜面瓷砖粘贴在桌子下面，给只会爬的小朋友使用。如果在门把手边上安装了镜面瓷砖，那么对于那些刚刚开始走的孩子来说这是一件十分兴奋的事情。如果你在桌面上变魔法似的贴上了一面镜子，这对于所有的孩子来说，是件非常有趣的事情。

天然材料的功能没有日常生活用具的多，它只是更能强有力地调动孩子的感官感受。

在汉堡的托育机构里放置一些树干是非常适合的。孩子们可以在一些长长的树干上面爬来爬去或者把它当作一个长凳，而那些短的树干则可以当作桌子使用。

秋天可以在盆里放一些新鲜的栗子或是树叶，在其他的季节就可以用大米或者扁豆来代替。在进行这项活动时孩子会用到锅和大汤勺。天气不好的时候，孩子可以用沙和其他工具进行一场棒极了的实验或者在浴室的水槽里玩水。

托育机构的孩子比去幼儿园的小朋友更能够在不同的游戏间进行转换。对幼儿园小朋友来说，我们需要清楚区分运动游戏、建构游戏和角色扮演游戏。而 3 岁以下的孩子使用上述提及的材料时，转变这些材料的功能或者进行组合是很重要的。在玩建构游戏

时，孩子不需要平面的积木拼装玩具，而是要使用一些小木箱、方木等，他们可以随身携带，将它们平行放置，叠放起来或者是站在上面保持平衡。同样的材料也可在玩亲子游戏或购物游戏的时候使用。

与合成材料制作的玩具相比，那些用来玩耍的“天然材料”能更好地调动孩子的感官感受，孩子可以闻到树木的味道，而用合成材料做的玩具就很难做到了。玩具只会让孩子感到愉快，而天然材料会带给孩子更多的身体体验。

感统训练源于心理健康教育，这种教育并非针对身心健全的孩子。这种教育不是给孩子提供一面可以画画的创意墙或一条可以让他们通行的通道，你应该关注的是，与孩子朝夕相处的东西要有“触觉质量”。重要的是，特殊教育学领域的启示要运用到“普通教育学”中。

如果 0~3 岁的孩子能够利用日常生活材料和天然材料进行游戏，你就不需要分别训练他们的感官。

你在本书中看到的许多想法是源于心理健康教育或治疗的理念。比如，下面的这个游戏就源于感统训练，是从一个专为病人做康复训练的护理人员那里借鉴过来，稍加改变后引入到汉堡教育理念中的。

准备一个装满了黄的、黑的或是红的豆子的洗浴盆。但是我认为最好是装大红豆。这种豆子有着光滑且充满色泽的外表，让人感觉很舒服。洗豆子浴时，豆子会发出啪啪的响声，并且能在身体周围滚动。它们非常的光滑，又轻又小，但又非常坚硬，足以支撑一个人身体的重量。孩子可以尽可能深地将自己埋到豆子里面，这样就可以让每一寸肌肤感受到它们的存在。豆子的数量是随意分配的，孩子们可以将豆子堆

积起来或者给它们分类。无论是一个孩子还是两个或三个孩子，豆子浴都给他们创造了一个充满无穷无尽乐趣的玩耍空间。

为了使这种棒极了的感官体验活动渗透到托育机构的日常活动中，我的同事马蒂亚斯·巴克对一些汉堡托育机构进行了以下规划：在活动室里建一个20厘米高的平台，在平台中间挖一个长方形的坑，用豆子填满并用盖子遮盖起来。用这样的方法可以解决两个问题：用自然材料制成的浴盆不方便随时使用，不用的时候需要收起来，这就会占用额外的空间。此外，浴盆是很重的，不方便移动。而在平台中间挖的坑，当你将盖子盖上时这个坑就“消失了”。

有时候会有人问我，是否可用其他方法达到同样的效果，因为豆子毕竟是食品。按摩球可以作为豆子的替代品。对此，我这样解释道：

按摩球浴缸可用于刺激障碍儿童的知觉，通常由瑞典的家具公司生产，只出现在托育机构的特别设施中。格尔德·埃金哈德·舍费尔注意到：“普通孩子并不需要特别突出和容易辨认的感知可能性——突出的颜色、响亮的声音、不稳定的身体姿势、过分清楚的触觉，而是需要不同的感知体验。”①

因为按摩球不是由自然材料组成的，所以它并不环保。与大豆相比，按摩球还必须当作特殊垃圾处理。此外，按摩球不是只有球形。按摩球可能会过度刺激儿童，出于安全原因，通常会配备相应昂贵的设备，而豆子浴的花费仅仅只是按摩球浴的一小部分。

① Schäfer，G. E.（Hrsg.）：Bildung beginnt mit der Geburt. Beltz 2005，S. 58.

我在这里所举的例子应该使你相信：生活中有许多孩子玩耍的材料，这些材料比起传统意义上的玩具更能促进孩子的成长。

婴儿或者幼儿的玩具由专业人员设计，大部分情况下还有心理学家的参与。这些玩具的制作成本非常高，并且都带有一定的功能性。一般来说，这些玩具能够促进孩子的远端知觉，也就是视觉、听觉、动作技能和所谓感知能力的发展。虽然这样的方式能够促进孩子的能力，但这些方式并不是互相孤立的，并且不存在于你必须购买的教学玩具当中。所有凭借教学玩具能够达到的目标，用于玩耍的其他材料也能办到——在神经生物学知识的背景下——甚至效果更好。

日常材料和自然材料虽然促进了孩子感官、想象力、语言和社会行为的整合，但同时也对整合提出了挑战，这是我认为最重要的方面。但是我非常重视其中的副作用，尽管这些副作用不会带来损失或者说带来的损失很小。

所有的这些建议都不是新的。但为什么迄今为止几乎没有付诸实践呢？

这里涉及的是随着社会发展而发展的卫生学观点。这对我来说似乎是“秩序”问题：许多家长认为，孩子在房间里和纸板、泥土、手帕玩耍，这简直没有任何秩序可言。他们希望孩子坐下来玩玩具或到处看，这样还是具有教育意义的。如果这些玩具失去了教育意义，那么家长根本就不会买它们。许多父母和一些保教人员认为，如果玩具对教育没什么意义，那就没必要购买。因此，当活动室不是家长所期望的样子时，我的许多同事都陷入了压力之中。孩子的空间布置是成问题的，但是“促进认知”这一借口往往能为其辩护，这比解释为什么日常材料和自然材料在托育机构里面看起来“一片狼藉”要容易得多。因此，只有和家长一起合作并让家长参与进来才能帮助到你。通过对孩子日常生活的简短记录和拍摄照片，你可以告知家长，孩子在托育机构学了什么，并且因何感到开心。

如今我们正在经历“幼儿新图像”是如何改变保教人员对任务的看法的过程。保教人员应该用日常生活中的材料来考验孩子，而不是给他们特定的东西，这样他们就会有更多的选择。在孩子玩耍的过程当中，你应该用语言指导他们。

对 0~3 岁的儿童来说，你并不需要，也不可能一直用语言指导他们的游戏。在孩子玩耍时，最重要的事情是，你应该要让材料自己“说话”。这样的话，你就会有更多的时间，最重要的是内心保持平静来观察孩子。这样你不仅能更好地了解个别孩子和他们的共同游戏，而且还能了解到他们手中的材料是否适宜以及改进的可能。

"提前布置好的"环境必须每天都要焕然一新。因此收拾房间是一项重要的教育活动。当你和孩子们一起唱歌或看图画书的时候，你不仅是要给他们布置任务，你最重要的任务是为孩子们创造一个具有启发意义的环境。

高质量保教特征

按照如下原则打造安全空间：

- "空间中的空间"，如大大小小的稳固的纸箱、打扫干净的柜子洞穴、固定在墙上较宽或较长一面的婴儿床；
- 为孩子睡觉和玩耍搭建的平台。

按照以下原则提供更多的运动可能性：

- "不同高度和能升降的"平台，如台阶、楼梯、光滑平台、楼梯平台；
- 摇晃和摆动的机会；
- 从天花板下开始布置空间，为孩子提供玩耍的平台。

购买多功能设施，如：

- 凳子和"组装凳子"。

支持儿童运动、角色扮演和建构的日常材料，如：

- 大、中、小三种型号的箱子；
- 大大小小、厚薄不一的毯子；
- 大小不一，或正方形、长方形、圆形的枕头，一些是软的，一些是硬的；
- 锅、碗、罐子、打蛋器和铲子；
- 镜子；
- 不同的手帕；
- 所有类型的容器；
- 可选择的衣服，如耐用的时装首饰、小帽沿的渔夫帽和漂亮的毛线帽；
- 装有包扎工具的医疗箱。

支持儿童运动、角色扮演和建构的自然材料，如：

- 长树干；
- 短树桩；
- 树根周围耙松的一圈软土；
- 装在箱子里面的沙子；
- 豆子浴缸；
- 装满大米和豆子的小袋；
- 木板、木桩、方木块。

感觉发展

美国哲学家约翰·杜威（John Dewey）[①]指出，“感觉”这一概念具有广泛的含义，其涉及范围从信息感知到对事物的理解：感觉中枢、感觉、敏感性、感知、多愁善感和感官性。感觉器官总是发挥着重要作用，“因为感官是生物直接参与周围世界活动的器官”。[②]

在思考关于艺术的理论时，杜威将经验看作一切的核心，艺术也来源于经验。而感觉器官和与之相连的运动系统是我们获取经验的工具。[③]

感觉器官在我们获得经验的过程中扮演着重要角色。由此舍费尔得出这样的结论：幼儿教育首先是美学教育。他之所以这么说是因为，幼儿教育依靠的是儿童自身的感知。通过对“美学”这一概念的应用，他补充鲁道夫·祖尔·里普（Rudolf zur Lippe）的理论说：“从古希腊的寓言故事来看，一切我们所感知到的东西都会使我们产生情感和感受，并且以这种方式塑造我们的意识。”[④]在生命的初始，我们都是美学家。这一方面意味着，我们拥有大量机会通过感官区别地感受周围的世界；另一方面，童年的经历对我们的未来产生着影响。

感觉研究使我们接触到基础生物学和文化模式，这些模式自然而然地在我们的感知中或者在社会化过程中建立起来，如我们对外貌、身材条件、基础比例、身高、颜色和结构差别以及对图案或者绘画风格的偏好等。此外，具体的日常经历也构成了典型的模式，这种模式又会影响后续的感知过程……这同样适用于情感，先前经验构成的模式能重新组织对当下感知信息的情感体验。[⑤]这些研究的结果让我们清楚地

① 约翰·杜威对美国以及国际教育领域产生了重要影响。他同时也是芝加哥师范学校的创始人。

② Dewey，J.：Kunst als Erfahrung. Suhrkamp Taschenbuch 1988，S. 31.

③ Dewey 1988，S. 32.

④ Lippe，R.：Sinnenbewusstsein. Band I. Schneider Verlag 2000，S. 17.

⑤ Schäfer，G. E.（Hrsg.）：Bildung beginnt mit der Geburt. Beltz Verlag 2005，S. 65.

认识到，一个激发感觉的环境对儿童早期教育的发展来说有多么重要。

设计工具

由于所有感官都参与了儿童的早期教育过程，因此空间设计的要素[①]——光线、颜色、声响和材料质量都应该刺激儿童的感官，而不是对其造成损害。

当房间里出现回音时，儿童的听觉会受到影响。他们听不到中间的其他声音，很难辨别每一种声音以及它们产生的原因。

一个通过天花板上光源照明的空间对视觉要求很低。在这样的空间里，亮度只有细微差别，因此阻止了儿童对明亮与黑暗的差异化感知。

光与颜色在空间中的相互作用不仅对视觉产生影响，还能激发情感。色彩引发儿童对冷暖、远近和轻重的感知。

颜色

由于害怕出错，托育机构经常把墙涂成白色或者一种像米色这样的“中性色”。有时，每个年龄组会用不同的颜色，这样每个孩子就会知道，自己是在蓝色、红色还是黄色的组里。这样的观点并不是没有意义的，但重要的是你通过设计想表达什么。设计墙面颜色时需要考虑以下几个方面：[②]

我认为，托育机构大多数的墙面设计形式是没

① Reggio Children/Domus Academy Research Center：*Children*，*Spaces*，*Relations*. Reggio Children，1998.

② Siehe auch：von der Beek，A. /Buck，M. /Rufenach，A.：Kinderräume bilden. Beltz Verlag 2003，S. 65 ff.

有必要的，尤其是当这些设计耗费了你大量时间的时候，如壁画装饰。壁画不容易更换。壁画可能会以某个主题和颜色为主导，在潜移默化中促进儿童的发展。

自然光

房间越暗，颜色的选用上就必须越亮。被设计成“洞穴”的小空间是例外。当房间明亮时，用高饱和的色彩粉刷它也是合理的做法。

面积

房间越小，就要粉刷越明亮的颜色。

高度

所有房间的天花板都应刷成白色，这样它们就能更好地反射人造光。在小而高的房间里，将白色天花板以高低相间的宽条状形式设计会比直接把它漆成深色好得多。

功能

如果房间是多功能的，考虑到上述因素，你应该挑选一个尽可能适合所有活动的颜色：休息、运动、吃饭、睡觉和玩耍。

这些限制了你的选择。在存有疑问并且时间有限的情况下，白色无疑是最好的选择。但是研究色彩的情感作用并且花时间去寻找一种合适的颜色是值得的。

当房间只有一个功能时就更不用说了。在一个专门用于睡觉的房间里，紫红色调能给人带来一种安全感。在餐厅里，偏杏色的橙色可以增加人们的胃口。

当一个房间有两个十分不同的功能时，例如，一个集睡眠、玩耍和小舞台为一体的房间，就变得更难选择了。在这种情况下，你必须决定你想要强调什么功能：侧重使人平静还是令人激动的方面。

光线

托育机构生活质量的一个决定性因素就是光线。人造光无法替代日光。“人们必须明白，在阳光明媚的盛夏，可以测量到多达 10 万勒克斯（Lux，标准照明度的单位）的光，在冬季也仍有 1 万勒克斯。在日光下，彩虹的全部色谱都存在。而在人造光下这些光谱通常是受限制的。只有日光才能让光谱呈现平面或是立体。与持续的人造光相比，日光的变化使孩子们的感觉更加灵敏。光控制身体活动。它影响着体温、新陈代谢、心跳、大脑活动和荷尔蒙分泌。”[1]

如果房间里没有充足的光线，儿童和成年人只能在人造光下度过一天。我认为必须尽一切努力来改善这种情况。在改建和装修时，我会非常重视这一点。

但是，还可以通过采取更简约的措施获得改善，如补装内置窗户和玻璃门。尤其是在托育机构装玻璃门，这显然是非常可取的。汉堡的托育机构切割了原本的门的下部，并补装上了玻璃。孩子们可以透过玻璃门看到外面。大人们也可以从玻璃门注意到门后是否有正在爬行的孩子。

除了自然光源外，墙壁、地面、天花板和大型配件的颜色也影响着室内光照条件。上文已经说到了这些。

托育机构的人工照明方面有所规定，要么是根据“教学场所照明标准值”——每个房间 300 勒克斯，要么是根据“工作场所规定”。工作场所规定应考虑到房间内必须有足够的光线来进行清洁。管理部门、

① von der Beek，A./Buck，M./Rufenach，A.：Kinderräume bilden. Beltz Verlag 2003，S. 60 .

建筑师和其他负责人往往考虑片面，但这显然不是唯一的理由。你的团队的任务是代表孩子的利益，当然也包括你的利益，因为你也受到“机关办公室照明模式”[1]在你托育机构里的影响。

这并不是说人们之前没有认识到统一照明的问题。莱茵兰－普法尔茨州的劳动、社会、家庭和卫

① Behörden-Beleuchtung.

生部在 1992 年就已提出了建造日托托育机构的建议，指出人造光源应该布置在需要的地方。用单独可调控的壁灯、辐射灯和吊灯代替刚性吸顶灯。①

我想补充一点：多功能的托育机构应该同时采取一般照明和特殊照明这两种形式。如吊灯，高度最好可以调节，灯泡亮度在用餐区可以营造合适的氛围，而迷你摄影棚的吊灯应该采用卤素灯或者荧光灯，以便模拟日光的效果。

由于托育机构领导已经认识到了这个问题并且有自己的预算，汉堡的许多托育机构事后都额外安装了特殊照明灯。我与马蒂亚斯·巴克合作，作为许多女保教人员的专业顾问，帮助她们理解托育机构空间的“机构特征”。

我认为关键的一点是：为每个房间和“房间中的房间”寻找特殊且十分理想的解决方案，这显然花费更多。必须要有的一个教学理念，也就是照明要求是，人们必须合作，并且必须要有人了解照明及其效果。

人们必须尝试获取经验而且要能够从中提取有用的内容。只有具备了常识，人们才能够在百般无奈时去一些成品家具店采购。

因为日光对孩子的发展非常重要，不应该让树木或者灌木丛夺走它。彩绘的窗户也是不能接受的。

对于在窗户上彩绘的原因我可以想象。但我最好奇的是，这项“传统”一直如此，儿童对此也十分喜爱。不过据我推测，窗户的面积起初是决定性因素。它是唯一可以绘画的较大区域。后来，托育机构装修公司采用了这个方案，一直在寻找扩大其产品范围的机会。

因为窗户有颜色，而且大家都这样做，这种做法似乎完全就是理所当然的了。从弗伦斯堡市到博登湖，从罗斯托克到开姆尼茨，人们对于幼儿园的印象就是，其窗户画满了彩绘或者贴满了手工制作，作为一个“画板”或者“展览板”。

如果你优先考虑自然光源，你就不能再把窗户仅仅看作画板了。重要的是让光透进来并且让孩子们的视线投向外界。

孩子们可以在迷你画室找到绘画的底板，他们不需要靠窗户来帮助自己。

另一个问题是，托育机构打算如何对外展现自己。我认为许多托育机构在两极之间踌躇：我看到完美的手工作品，这些作品出自成年人之手并且传达着

---

① Siehe dazu auch das Kapitel über Licht in：von der Beek，A.：Bildungsräume für Kinder von Drei bis Sechs，verlag das netz 2010，S. 237 ff.

这样的信息："看！这就是孩子们做的！"孩子越小，这一点就越确定。实际上，这是孩子们在成年人的指导下按照成年人的想法做的。

有时我也看到了不成熟的绘画作品。如果这些作品没有挡住光线和视线，就没什么好指责的了。

在未来，凸显托育机构质量的一个标志应该是：窗户上没有绘画和手工作品，很多光线能进到房间里。

声音

根据我的经验，在幼儿园的活动室里，吵闹才是正常的。直到我们可以用科技手段来减轻那些噪声。[1]

而在托育机构的活动室中，噪声可能意味着出问题了。因为噪声可能是因为很多孩子在哭。孩子们通过哭泣来表达他们身体不舒服或者悲伤，这完全是理所当然的。但是只要孩子们得到安抚，这种哭泣就会停止。在已经适应了托育机构的前提下，只有极个别的情况孩子才会长时间哭泣，难以安抚。

对我来说，汉堡托育机构中引用柏林的适应模式后，最令人印象深刻的结果就是哭声明显减少了。毫无例外地，所有向我讲述过自己应用这个最新方法经验的女保教人员们都提到了这个改变。

如果保教人员可以安抚孩子们，所有孩子就能独自待在托育机构了。和幼儿园相比，托育机构会明显安静些。从声学的角度来讲：在托育机构你需要营造一种良好的听觉氛围。在那种年龄差异大的儿童小组中，必须要将那些不可避免的高级别噪声通过科技手

① Siehe dazu auch das Kapitel über Akustik in：von der Beek，A.：Bildungsräume für Kinder von Drei bis Sechs，verlag das netz 2010，S. 227 ff.

段，尤其是通过隔音板减轻。

什么是“良好的听觉氛围”？为了制造这种氛围，你首先要避免大的声音反射面。用墙面举例来说就是，墙面要尽可能开孔。木屑制壁纸就确保了这一点，它是一种十分常见的防护涂层。

如果你的房间里太吵了，扎雅德（Sajade）[①] 的

① 一种德国墙漆品牌。

一种墙漆可以帮到你，这是一种由纺织品、木材和植物纤维制成的固体物质，将其用糨糊搅拌并且用铲子涂抹。它的作用就像木屑制壁纸一样，由于它持续保持弹性，可以显著地吸收声音。这种漆在大型涂料店可以买到。

请你务必避免在墙面上喷漆，即使漆面很容易擦干净。相比较于孩子和你敏感的听觉，健康方面要优先考虑。

这一点同样适用于油漆家具。粉刷过的组合柜通过其坚硬的表面使声音倍增，而敞开的书架可以减少噪声。工业制成的游戏台、桌子、椅子和底柜都由涂满漆的零件组成，因此它们会放大声音。

为了营造一种舒适的听觉氛围，可以选用未涂漆的木材制成的家具，其敞开的小孔可以吸收声音。我不知道华德福教育的拥护者是否是出于这一点考虑，才会在他们的幼儿园里只允许使用天然木材制成的家具。在空间设计的这个方面和其他一些方面，华德福教育和汉堡空间布置理念是一致的——而这两种理念也有一些方面明显不同。

当然，让所有的幼儿园都更换家具是不现实的。但是，面对要重新购买家具的情况，我想提醒你注意感官舒适这一标准，这一标准在购买过程中起到作用。未涂漆的家具不仅可以吸收声音，而且摸起来手感很好。由木匠单独定制的家具有很大的优势，你可以根据空间情况调整它们。

除了在新建、改建或者装修时应该注意的措施外，一些非常日常的事物也可以改善听觉效果。这包括所有由织物制成的东西，因为织物上面的“小孔”可以吸收声音。因此，我也推荐布料不太轻的窗帘，它可以吸收声音。

你给孩子们玩的许多日常物品，如被子、枕头和毛巾都是织物。我在前面章节中提到的几乎所有天然制品都适合作为小孩子的玩具，它们表面都有小孔，可以隔音。

气味

在空间设计和材料选择方面，不能对小孩子的嗅觉带来过多刺激。这主要涉及卫生区域和公共区域的分隔，以及卫生区域有效的通风。你要确保尿布桶密封良好，不散发出令人不适的气味。

我建议谨慎使用香薰。例如，我不会在托育机构里放香薰灯，因为孩子们缺乏气味联想。他们不能对气味进行分类。

但也许你可以提供一些散发香味的玩具，例如，由雪松或者紫檀制成的东西。在前面章节里我们建议过的许多天然制品，以及制革的好羊皮都可以保持气味。

此外，除了上面提到的优点外，未上漆的家具或者游戏台还有一种特点，那就是很长时间内都闻起来像木头。

保教人员的角色

在托育机构里，保教人员有着与大多数父母不同的机会来促进幼儿的实验兴趣和创意热情。这既涉及个人的态度，又涉及空间与材料。

父母有时会受到托育机构为孩子们提供的东西的启发，如为孩子布置一个“画桌”或者买一个画架。但是，在托育机构可以做的事情，无论是材料供应方面还是在空间设计方面，都以促进孩子的创造力为一致目标，大多数父母无法为孩子提供这些。

由于每个人来到这个世界都带有创造潜力，我们作为成年人，也拥有从中汲取的可能。为了追寻这一点，你也许会想起童年：什么让你尤其感兴趣？有没有你迫切想要寻找答案的问题？你做了什么实验？都有了什么发现？你有什么特别值得你骄傲的东西吗？

也可以在一个研修日专门讨论“童年的玩耍地点”这一主题。为达此目的，每位同事都会收到一大张纸和一支笔，任务是记录她们童年的玩耍地点。这些草图和大家讲述的故事会生动地说明我们每个人都曾是一个具有创造力的孩子。

每个人都有长处和短处、喜好和厌恶。通常那些喜欢运动的人对平面设计不太感兴趣，反之亦然。团队应该利用这些差异。当两个或者更多的同事合作时，可能就会有喜欢绘画、描摹和制作的保教人员，他们也就负责这方面。其责任既涉及空间设计，也包含材料选择以及为孩子们提供材料。

保教人员一旦确定了这些权限，就必须得到支持。这首先包括参加有关培训。

但是，要找到与特定发展阶段，比如托育机构儿童有关的具体主题的培训并不容易。有时，在提供培训前做个调查，了解受训者的需求可能会有帮助。同一个领域，如艺术工作坊里的保教人员组成一个工作小组来交流经验和提供具体建议也是很好的选择。

此外，小组内的保教人员最好有共同的培训意愿，尤其是当他们同属一个机构的时候。

如果情况并非如此，可以建立一个兴趣小组，与那些容易接受新鲜事物、有意向接受培训的人合作。找到足够的共同意向者，也许单独聘请一位导师或者相关工作者也是值得的。

画笔的痕迹

对于那些在传统观念里还没到画画年龄的孩子，你可以怎样支持他们的创意热情呢？当然不是试图将幼儿园的传统的创造力促进方式应用到托育机构中。从学校到幼儿园再到托育机构，儿童的创造力不是随年龄下降的，而是在上升。

法国精神分析学家丹尼尔·威德罗彻（Daniel Widlöcher）敏锐地阐明了幼儿为什么喜欢画画：“儿

童对连续的轨迹尤其感兴趣。因为图形轨迹的连续性特别使他们高兴。这一点与即刻消失的声音轨迹相反……图形轨迹的连续性也是幸福的来源。它是这个小孩眼中呈现出的第一个脱离他自身的现实产物，其具有双重性。”[①]

非常小的孩子也能在纸上留下人们可见的痕迹。在我看来，这个事实便是在托育机构中设立迷你画室最重要的原因。

威德罗彻指出，图形轨迹和声音一样使幼儿感到高兴，但声音通常是短暂的。你可以通过相应的行为来支持孩子们对于声音作品的兴趣。但是为了唱歌或者创作音乐，孩子必须掌握一套与文化相关的符号系统——旋律、节奏和特定的技巧。这时就需要我们这些大人了。[②]

他们画画时不需要我们。相反，成年人往往会阻碍或者抑制孩子。“如果允许孩子自由地玩耍，我们将看到他非常开心地借助手指加工每一个适合留下痕迹的物品……然而家长或者孩子的监护人倾向于让孩子远离一切可能会弄脏他或者使他沾染污渍的东西。”[③]

在孩子画出图形之前，线条是他的第一种表达方式。威德罗彻指出，我们通常认为幼儿的第一次乱涂乱画“正是我们这个工业文明的一种产物”。[④]由于我们给孩子提供了笔，而不是其他材料，所以他们涂鸦。孩子可使用工具的形式影响其表达。当一个孩子不是用手或者画笔来画画，而是只用一支铅笔时，他的第一种表达方式就是线条。

当你注意到这一点时，你就会在孩子们的行为中发现如“直线”这样的固定模式或者图式。这些图式是有联系的，会重复出现且能识别出来。

西比勒·哈斯（Sibylle Haas）[⑤]收集了以下儿童行为模式或者“直线”图式的例子：用小棍在沙子上画画，用铅笔在纸上画画，直立让自己倒下，把东西放下。[⑥]这些例子首先表现出很大的差别。这就是“图式”这一概念的含义：在差异中寻找联系。

形态与运动之间的联系也不能忽视。哈斯的“旋

---

① Widlöcher，D.：Was eine Kinderzeichnung verrät. Fischer Taschenbuch 1984，S. 32.

② Siehe dazu Kapitel 9：Plätze für Angebote der Erzieherinnen，S. 157.

③ Widlöcher 1984，S. 32.

④ Widlöcher 1984，S. 12.

⑤ 西比勒·哈斯，教授、规划咨询师和艺术治疗师。她主持德国柏林市夏洛滕堡－维尔默斯多夫区（Charlottenburg-Wilmersdorf）青年绘画和学习工作坊项目，并且建立了致力于美学教育以及人文主义艺术治疗的机构：IBiKu。

⑥ Haas，S.：Auf den Spuren kindlicher Verhaltensmuster. Die Linie. In：Betrifft KINDER，Heft 2-3/2005，S. 24.

转”图式[①]对这一点做了说明。儿童画的圆圈和螺旋、绕轴旋转或者他们总是围绕一个物体走来走去的现象——这些都是有联系的。

威德罗彻非常准确地描述了模式与运动间存在的联系。他把涂鸦描述为一种摇摆后旋转的运动，最初由下臂的弯曲决定，同时手腕保持伸直。“这些线条是从下臂的弯曲和伸直中产生的。这种运动可以画出一次比一次明显的圆形，或者画出平行、倾斜或垂直线条的堆积……在这个阶段，人们可以看到绘画运动是多么依赖体轴。”[②]如果孩子们能越来越熟练地控制他们的身体，他们的绘画就会发生变化。

重复的可能性，也就是自身能力的完善，与其说取决于孩子的积极性，不如说取决于他周围的环境。如果你提供了颜料、画笔、毛笔和适当的绘画背景，特别是当每天都配备了这些时，孩子们就会画画。托育机构里的迷你画室就提供了这种机会。

为了激发孩子们的创作热情，你不需要充当艺术家或者艺术鉴赏家。“保持开放性和愿意好奇地接近

① Haas，S.：Auf den Spuren kindlicher Verhaltensmuster. Rotation. In：Betrifft KINDER，Heft 4/2005，S. 31.

② Widlöcher，D.：Was eine Kinderzeichnung verrät. Fischer Taschenbuch 1984，S. 35.

孩子的日常事务就够了。”[①]但是，当你对绘画和造型艺术感兴趣时，你可以将这些很好地引入教育工作中。在这方面，我发现一件很有趣的事：与研究传统绘画相比，现代艺术为幼儿提供了一种与造型艺术更直接的联系。在现代艺术中，人们发现了一些适合幼儿的游戏程序和实验技巧。

佩特拉·卡特克（Petra Kathke）[②]在她关于“材料的意义和特性”的两卷本著作中提出了几乎无穷无尽的建议——但不是针对托育机构儿童的工作，而是针对大一点儿的幼儿园和小学儿童。引人注目的是作者与儿童之间紧密的联系，他们共同用材料制造出一件件艺术品。

同伴

像糨糊和黏土这样的材料可以促进幼儿的合作，当你与多个孩子一起探讨一个主题时产生的氛围也能起到同样的作用。多年来，我在汉堡的一家托育机构和教育工作者乌拉·高尔摩–柯乐波（Ulla Gollmer-Kröbl）一起工作，向她学习并记录她的工作。在我认识她之前，我难以想象和 3 岁以下的孩子一起以项目的形式工作。虽然我不认为这是理所当然的，但是在某些条件下，确实可以在数周之内，在托育机构里与多达 7 个不满 3 岁的孩子在不同的情境中一起研究一个主题。

这个项目的出发点是画家弗里登斯莱布·汉德瓦萨（Friedensreich Hundertwasser）的一本画册。当时保教人员和孩子们一起看画册。孩子们很兴奋，他们看了很久这些画，相互提醒注意各种细节。孩子们对塔楼的洋葱顶特别感兴趣。这让保教人员想到了一个主意：用汉德瓦萨的手法给塔楼上色并用洋葱为其加顶。

① Kathke，P.：Sinn und Eigensinn des Materials. Band 1. Beltz Verlag 2001，S. 206.
② 佩特拉·卡特克是一名艺术教育家、艺术史学家。长期从事儿童、青年、成年人艺术教育领域工作。

Das Zwiebel - Turm - Projekt

Die Kinder zeigten sich besonders begeistert von den Zwiebeln auf den Turmen. Das brachte Ulla auf die Idee, mit ihnen Turme in Hundertwasser-Manier zu bemalen und sie mit Zwiebelformen zu kronen. Aus dem Werkstattfundus erhielten die Kinder Vierkantholzabschnitte, die der Tischler als Reste von Einbauten im Raum dagelassen hatte. Die Hundertwasserreproduktionen vor Augen und im standigen Dialog mit der Erzieherin gestalteten die Kinder die Turme

Das Zwiebel-Turm-Projekt

In der Kita wird der wenige vorhandene Platz fur Dokumentationen im Treppenhaus und auf den tiefen Fensterbanken des Altbaus genutzt. Das Zwiebel-Turm-Projekt wurde mit einem kurzen Text, 2 Postern von Hundertwasser, Fotos von den Kindern in Aktion und einigen ihrer Werke dokumentiert.

Das Zwiebel - Turm - Projekt

Außer von den Zwiebelturmen waren Kinder und Erzieherin ungemein beeindruckt von Baumen auf den Dachern der Hauser, die nach Hundertwassers Entwurfen gebaut worden sind. Deshalb bohrte ihnen Ulla ein Loch in einen der Turme, so daß sie einen Zweig hineinstecken konnten, der die Baume auf den Dachern symbolisiert.

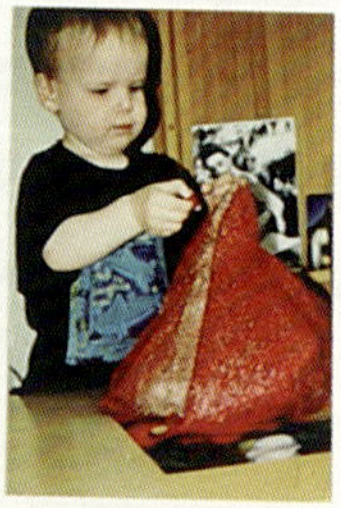

孩子们从画室杂物堆里找到了长条木块。汉德瓦萨画作的复制品摆在他们面前。在与保教人员对话时，他们用鲜艳的颜色给塔楼涂色。当他们表达出想要装饰塔楼的愿望时，他们会得到各种自然材料，其中包括为每个孩子提供的一个洋葱。孩子们观察、触摸并且闻了洋葱后把它放到了塔楼上。

有孩子想要自己做洋葱。他们得到了报纸，将报纸浸入糨糊中挤压在一起，形成一个洋葱形状。然后，他们可以选择是给混凝纸涂色还是用丝绸和纱布包上“洋葱”。

当保教人员再次把画册给孩子们看时，房顶上的树木让孩子们印象最深刻。于是，保教人员在塔楼上钻了一个洞，孩子们就可以把树枝插进去，象征汉德瓦萨房顶上的树了。3 岁的孩子是怎么能够共同研究一个艺术世界的主题并且用艺术手法表达自己的呢？

我猜测：正是这些绘画奇妙同时又现实的特点使孩子们感到惊讶，激发了他们的想象力。保教人员挑选的图画同时也要正好符合孩子们的口味。为了不让孩子们只停留在对画作的观察阶段上，乌拉必须要十分积极，找到正确的切入点。由于她细致地观察了孩子，倾听了他们，她找到了这个切入点。

当找到切入点后，她提供了材料和技术，这些材料和技术对孩子而言既不能要求过高，也不能要求过低，而是要与他们的能力结合起来。这意味着：早期经验和好主意一样重要。这一火花之所以点燃，是因为大多数参与项目的孩子有绘画方面的经验。几个月来，他们主动研究颜色与形状。孩子们或多或少地融入了他们想要表达的这个项目。由于来自不同小组的孩子参与了这个项目，我能够观察到，有经验的孩子的自信和干劲是如何感染了其他孩子的。

迷你画室

我之所以使用“迷你画室”一词，是因为它不一定是一个独自的空间，而是空间里一个只用于图像设计的区域。一张用来画画和吃饭的多功能桌子是不够的。孩子们需要一个事先准备好的环境，这样一方面他们可以在任何时候都能够绘画，另一方面你可以不费力地给他们准备好实验材料，并且能够陪他们进行操作。[①]

你最好在窗边用桌子布置一个绘画角。也许你可以额外安装或利用一个宽敞又低矮的窗台。无论如何都应该有一个画架。[②] 实际上洗手池也是必不可

① von der Beek，A.：Pampers，Pinsel und Pigmente，verlag das netz 2007.

② 这是一种适用于托育机构儿童的双面画架。你可以自己制作：通过铰链将两块木板像帐篷一样连接起来。你还需要在画架两侧安装上支架，以便画架能够稳定站立。最重要的是在画架的底侧安装上宽的小盒子，以便盛放玻璃颜料桶，且不容易被打翻。

少的，尤其是当卫生间无法满足托育机构儿童需要时。①最好是在迷你画室里有一个洗手池和一个适合托育机构的卫生间，带有洗手槽和做实验的区域。

在窗台、桌子和画架旁应该放一个架子，孩子们可以在架子上找到纸张和合适的绘画工具。其他材料——搅拌的纸糊、颜料、画笔、黏土和特殊纸张也应该放在架子上，这样你任何时候都可以轻易地拿到它们并提供给孩子们。

椅子是多余的。孩子们也不需要凳子。绘画板②用来当作绘画时用的颜料底板。一个简单的储藏底座——绘画板堆成的小塔——可以同时作为晒画架。

由于小孩子们要进行与肢体相关的活动，一个适用于托育机构的卫生间特别适合作为迷你画室。然而，一个能够刺激感官的环境不仅对充满热情的孩子们很重要，对避免脏污也很重要。

孩子的活动当然也受父母对秩序和清洁的看法以及保教人员的态度影响，他们可能对“湿润”的提议望而却步。虽然可以在教室里铺上一层厚的塑料薄膜，事后用毛巾清理干净，但是很明显，这样的行动

在日常生活中太费劲了。

如果卫生间里有一个可以放大浴缸的地方，你可以将身体活动与一次小型沐浴节结合起来。然而，填满、排空、干燥和保存浴缸或者充气游泳池太麻烦了，因此只适用于夏日的花园。我们的气候限制了这些可能性。所以我主张扩大给幼儿提供的室内装备品种。

然而我认为，比不依赖天气更为重要的是，你可以将创意融入日常创造性促进活动中。如果卫生间里

① 在有些房间中有儿童厨房，你可以使用。墙面上可以安装出一个洗手池，并且在背面配置水管。汉堡的托育机构就通过这种方式，改善了托育机构中教育产品的质量。

② 除此之外，你可以在任何建材市场购买到带有涂层的木板，并以 50 厘米 × 40 厘米的规格裁剪。

安装了儿童戏水池，你只需要准备好材料，给水池注入水，坐在孩子们身旁，有时要帮他们清洁干净，最后把孩子们擦干。

当然，这样的提议只适用于少数孩子，而且必须两人一组，才能做到这样。有时候你可以让那些旁观的孩子参与进来。特别是新来的或者特别拘谨的孩子。因此，比起日常事务，要提前准备好这些才是合理的。这样，孩子们就可以按照自己的节奏活动。

在理想状况下，托育机构卫生间应当有三个区域：一个是有尿布台和厕所的身体护理区域；一个是多功能区域，设有水池和淋浴或者是能够进行身体护理和实验的戏水场所；还有一个地方，放有桌子和架子，用于支持孩子们的创意活动。对所有活动来说，地面的排水口都很重要。

卫生间的迷你画室给孩子们带来了好处，在那里他们可以用水、糨糊、黏土和他们自己的身体结合起来做实验，还可以从一个实验过渡到另一个。对作为保教人员的你来说，这显然也减轻了你的工作负担。我之所以强调这一点，是因为目前在托育机构里，工作人员几乎不可能为幼儿提供这样密集的服务。在一个配备过这些设施的空间中我看到了期望可以变成现实的可能。

活动室里应该有一张桌子或者一个更宽的窗台、一个画架、一张放着纸和笔的架子，各种画笔、颜料、糨糊、黏土、一堆纸以及一堆自然材料。很多并不是托育机构儿童迷你画室的基本设备，但是也不能缺少。工作区域应该单独照明，一个大告示板必不可少。

自来水管和画板的支架可以为你减轻工作的负担。可以买一个用于保存孩子们的作品和资料的文件柜。

实验和活动的材料

应当购置什么样的材料，才能使其在实验和活动中激发出孩子们的兴趣？但首先一点就是，材料必须适合幼儿们。

如果你仔细观察，会发现小孩子经常用水做实

验，并且仔细研究一切泥泞的东西。无论是在家里还是在托育机构里吃饭时，你都会发现，涂抹给他们带来一种原始的乐趣：涂抹果酱真是太好玩了！

你肯定也有过这样的经验，给孩子们擦手指、擦嘴和擦桌子根本没有用处。因为在擦干净的下一秒孩子们就又会制造出一堆涂抹痕迹。

从发展心理学角度来看，小孩子们在这些涂抹活动中留下的痕迹是他们逐渐成熟的能力的显示：孩子

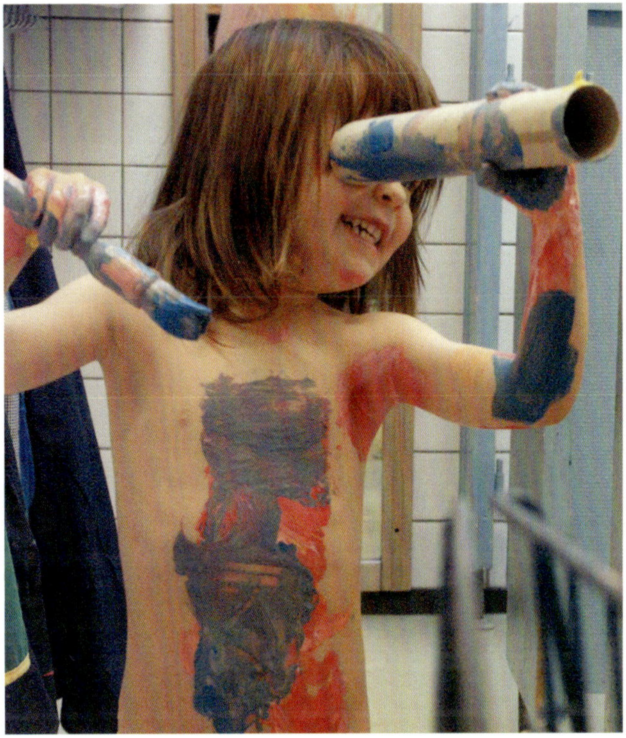

们认识到他们手的移动与涂料轨迹之间的联系。通过有意识地重复相应的手部运动，他们留下各种痕迹，并在心理上有了积极的体验："这是我做的！我可以做到！"

为了让你不误解我的意思：我不想在这里谈论反权威的"绝对自由"一词，而是让你的目光聚焦在孩子们能够做的事上。如果你观察孩子们在做些什么，你就会发现这一点。

此外，在寻找鼓励幼儿实验和设计的材料时有一些标准。其中包括材料的质地、可用性、多维性以及手工可操作性。下面，我将对此进行探讨。

壁纸黏合剂作为首选实验材料

材料选择最重要的一点就是它的质地。它不能太硬，确切来说，材料要软并且可流动。另一个标准是可用性。材料应该大量存在，但不能太贵。最后，材料应该是多种用途的，而不是单一的。

在德国，非常普通的壁纸黏合剂就符合这些标准。在与汉堡教学工作者乌拉·高尔摩－柯乐波的合作中，我观察到，糊状材料特别适合作为首选设计材料，因为它可以像布丁一样坚固或者几乎像水一样流动。孩子们可以把糊状材料与毛线、布头、锯末或者沙子结合起来，然后涂抹成泥状或者制成模型。

主要是糊状材料可以作为颜料的黏合剂。孩子们可以用流动的糊状颜料自己设计东西。这一发现促进了手指画的发展，但我并不推荐手指画，有以下两个原因：手指画的调色板不吸引人，而且它比自制的颜料更贵。

相反，糊状材料可以在整个范围内使用：从纯材料到黏合剂。孩子们可以用糊状颜料在桌子上画画。为了做到这一点，旧桌子或者表面光滑的新桌子比较合适。如果你不想每次都把桌面铺上纸的话，可以用刮刀将糊状材料轻松地去除。或者你购买一个画板——我们在汉堡有过很好的体验——你可以在任何的建筑市场切割一块板子。孩子们要么就用画板画画，事后清洗干净，要么就把画板作为纸垫。当然，也可以在画架上使用与糊状材料结合的颜料，但必须保证它们足够黏稠。

如果大人允许，孩子们会把自己的身体当作第一块绘画板。你一定已经注意到，幼儿用画笔给手指染色，然后用手继续画画。在汉堡的托育机构里，我发现那些能够用自己的身体、手和胳膊自由绘画的孩子很快就会转向别的地方。我认为这是合乎逻辑的。

孩子们会先尝试使用离他们最近的东西，也就是他们自己的身体。他们用身体获得了多种感官经验，舍费尔注意到了这一点："我们从感觉研究中知道，我们的感官并不是独立工作的。即使每个感觉系统都有自己的处理网络，但是这些网络间有着密切的联系。除此之外，在整个准备过程中涉及的所有的层面都会完成联结。各种感知方式（看、听、闻、摸等）在感知过程中相互影响。这种密切联系的意义在于，这些感觉之间的联系看起来似乎在互相解码信息：当我动用许多感觉去了解一个信息时，相较于我只用一个感觉器官了解，我会对这个信息了解得更透彻。"[①]

塑形黏土

除了在平面上绘画这种二维艺术探索，孩子们还应该有机会进行三维设计。天然材料黏土正好可以供幼儿塑形使用。孩子们会得到一块很大的黏土——大约 10 千克重，且没有被分成小份。当然，材料必须是柔软光滑的，不能是旧的或者干的黏土。

孩子们可以用黏土来做实验。这个大块头在挑战他们。他们动用自己的感官开始加工这块黏土：他们用手拍打黏土块，探索它的表面和坚固性，知道它是光滑的还是粗糙的，用手钻入黏土，闻闻它的气味，用力地摔打这块黏土或者将其撕扯成小块。

形状的产生是随机的。这些黏土块要么被孩子们再次消灭，要么成为进一步塑形的起点。孩子们自己发现第一种"基本形状"，如圆柱体和球体。通过滚动产生"管状"或者"螺旋状"，通过滚动变成"球体""水果"或者"小人"。从这些独自发现的形状中，孩子们编出故事、进行设计或者建筑，这些形状还可以长时间保持随机的特性。他们命名自己的作品，用作品来游戏并且鼓励彼此解释并进一步发展这些故事。

如果把黏土放在若干孩子坐的桌子上，孩子们可能会进行时间或长或短的合作，直到他们共同的作品诞生。黏土桌要足够高，让孩子们能够站着工作，并

① Schäfer，G. E.（Hrsg.）：Bildung beginnt mit der Geburt. Beltz Verlag 2005，S. 38.

且要有结实的表面[①]，这样才能用刮刀从桌面上把黏土轻松地刮掉。桌子上放一小勺水，孩子们可以获得另一种有关黏土硬度的体验，拓展黏土的塑形可能性。有了水，你应该等待，直到你确信孩子们在使用泥状黏土时不会受到不愉快的惊吓才行。这样的实验在夏天的室外或者卫生间可以自由进行。

只有在进行了大量黏土实验后，你才应该给孩子们提供可使用的辅助工具，如梳子、叉子、小木棒和类似小石头、贝壳或者羽毛这样的天然材料。你要向孩子们解释清楚，他们可以任意挑选这些工具来完成他们的黏土制作，但这些完成的作品不能够拿到家中。因此，这些黏土会在约定使用的时间过后被恢复成一团并放在容器里面保存，这样才能避免被风干。在特殊情况下，或者在一次项目中，孩子们当然也可能保存下小塑像之类的东西。要做到这一点，黏土不需要烧制，而是可以暴露在空气中变干。

黏土材料有许多优点[②]：它是一种天然产品，可以在各种土质中获得，能够与其他材料很好地结合起来并且不会产生皮肤问题，而自制的黏土或者面团就会产生皮肤问题。专业制作并储存的黏土可以让孩子独自拿来玩耍。而普通黏土通常很硬，成年人必须为孩子们提供帮助。与同样容易加工和对皮肤友好的有机黏土相比，即使不烧制，黏土塑像也可以长时间保存。

易操作的材料

我认为在托育机构里，材料的可操作性是促进孩子创造性最重要的方面。幼儿不需要引导就能处理易操作的材料。糊状材料、黏土、颜料、特殊的笔以及许多种类的纸张就符合这一标准。

有了流动的、富有表现力的颜料，幼儿既可以用手也可以用粗的画笔留下清晰的痕迹。与人们通常的观点相反，普通的彩笔和可擦拭蜡笔并不适合他们。

普通彩笔很难留下明显的痕迹，使用蜡笔需要费很大劲儿，粗的彩笔也不如水彩笔或者石墨笔合适。这几种笔都很容易被用来绘画。由于绘画工具的可操作性对幼儿的绘画积极性来说至关重要，所以在这上面投资是值得的。他们需要合适的工具来留下清晰的绘画痕迹。

当被问到图像相对于其他媒介对幼儿有什么好处时，威德罗彻回答说：“语言可能有更大的实际效果

---

① 毛巾相对来说不太实用。

② 对于数量的建议是，托育机构中的黏土：4 名儿童 =10 千克；幼儿园中的黏土：2 名儿童 =10 千克；小学的黏土：1 名儿童 = 10 千克。10 千克白色、黄色或者棕色的黏土大约花费 8 欧元。

（我们可以召唤某人、命令某人或者请求某人做些什么），但是笔迹通过其作为线索、标记的特点吸引着孩子。它暴露出我们的存在或者让孩子认识到我们在这里，就像脚印和引出我们踪迹的事物一样。它是一种符号，符号对于我们来说就是一种表达出来的客观存在。”①

① Widlöcher，D.：Was eine Kinderzeichnung verrät. Fischer Taschenbuch 1984，S. 51f.

常用的绘画工具主要是画纸。不同于常识的是，幼儿需要大尺寸、至少是A3大小的画纸，甚至最好能更大一点儿。厚的纸张才能经受住孩子们的“折腾”。用胶带将画纸固定在画板上，画纸便与画板有了自然的分界线。如果幼儿不想再继续涂画，可以把画纸从画板上取下来，放到事先准备好的干燥架上。

对幼儿来说，挑选他们想要绘画的地方非常重要：站在桌子或者画架旁，跪在或者蹲坐在地上。坐着画画对托育机构的孩子来说很不舒服，尤其是当他们的双脚无法触碰到地面时。

用作活动材料的纸张

纸张作为托育机构中提供的首要材料，它的种类十分多样并且造价低廉，十分适宜大量储存：旧卡纸、电话簿、画报、用过的宣传画、壁纸余料、印刷厂的纸卷、瓦楞纸板、包装纸、纸板箱。孩子们可以把纸撕下来、弄皱、压皱、卷起来、折叠、撕碎接着把纸片撒落下来或者在里面“洗个澡”。他们可以用卡纸建造东西并且和纸板箱一起用到他们的角色扮演游戏中去。

让孩子们用厚一点儿的纸张作为绘画用纸是比较合理的，因为这样他们便可以自主进行充分的探索。大多数昂贵的纸张，尤其是硬纸板[①]，不适合作为幼儿绘画的常规用纸。孩子们更适合使用厚一点儿的A3大小画纸。

如果有好的纸张可以用颜料在上面绘画，可以同时准备一些废纸。除此之外还要搜集一些不寻常的纸张，包括透明纸、白色丝绵纸和皱纹纸。[②]孩子们会做一些尝试，如哪些颜色画在黑色纸箱上能被看见以及当纸是黄色时，颜色会发生什么变化。

如果孩子们需要粗的画笔来留下一些痕迹，这期

① 硬纸板时常在托育机构中作为画纸使用，但我还是更偏爱一些厚度中等的纸张。（在这里需要特别说明，硬纸板在德国的造价比在中国要高，是一种相对昂贵的纸质材料。）

② 彩色的丝绵纸和皱纹纸上色十分显眼，通常这些颜色也会危害健康。

间请你不要插手。最好你能够同时提供一些不同粗细的画笔给孩子们以供选择。

画笔无论如何都要耐用。各种鬃刷，圆的、平的，还有长一点儿的甚至是涂抹刷都适合孩子使用。如果你想要鼓励孩子们做实验，你可以自己制作画笔。

自然材料的收集

即使不用来做创意活动，自然材料也能够刺激幼儿的感官，这里指的不是玩具。佩特拉·卡特克基于材料的选择发现，孩子“在感受不同材料特性的线索时，同时也感受到自己”。[①] 脆性与平滑的感觉不同，干燥也与湿润的感觉不同。由于在制造过程中，物品的一些这样的特性使其被当作残次品销毁，所以工业制造的东西并不具备这些特性。工业制造的物品是标准化且无差别的。“与那些自然形成的外形构造和表面相比，工业制品因为经过了人工的设计而具备了其外表。”[②] 供幼儿使用的东西不应该仅仅激起他们触摸的兴趣，还要能够引起他们想要了解物品色差、形状和特性的欲望。

很多年来，在汉堡的托育机构就有一些自然材料的实地采集，并把采集后的物品放到了孩子随手可以够到的地方。父母总是询问，0~3 岁婴幼儿是否已经可以接触并使用这些东西了。在我看来，这些材料对他们来说是最有趣的——无论是奇怪的树根，光滑的贝壳还是长有斑点、气味微弱的小南瓜。孩子们对这些材料很感兴趣，会非常热情地观察它们。

① Kathke，P.：Sinn und Eigensinn des Materials. Band 1. Beltz Verlag 2001，S. 197.

② Kathke 2001，S. 199.

高质量保教特征

一个适合托育机构的卫生间，在设计时首先应考虑其对幼儿身体的适切性。当卫生间不合适时，大多数服务也可以在活动室或者辅助室实现，但是这会增加时间的消耗。

活动室或者辅助室里迷你画室的基础设备包括：

- 一个达到孩子站立高度的宽敞的窗台；
- 一个符合孩子们站立高度的桌子；
- 不要放椅子，而是放置凳子；
- 一个可供两个孩子同时绘画的稳定画架；
- 一个开放的架子，30 厘米深，在它底部的木板上放置孩子们使用的材料；
- 这个架子有封闭的部分或者一个柜子，用来存放保教人员需要提供和储存的材料；
- 一个放画板的支架，同时可以用来晾干图画；
- 一个带水池的水管，水池和其下面的板条格垫旁最好有排水口，水池必须达到成年人高度[①]，并且配备一个可抽拉的台阶给孩子们使用；
- 不同形状、厚度、颜色和质量的纸张；
- 不同粗细的鬃刷：许多短的画笔、粗且扁平或圆形的毛刷，少许中等和细的刷子，不要用贵的“学生用毛刷”，可以用简单的涂抹刷；
- 混合好的壁纸黏合剂；
- 颜料；
- 带有旋塞的玻璃容器，用来保存颜料；
- 黏土；
- 绘画用罩衫，如旧的短袖衬衣；
- 粗画笔、按颜色分类存放画笔的容器以及相应的卷笔刀；
- 水彩笔和炭笔；
- 收集的材料：石头、贝壳、零布头、羊毛残余、纸张、盒子和纸箱；
- 用于存放所收集材料的透明容器：比如用过的玻璃杯和塑料包装材料；
- 可改变方向的人工照明装置，能通过调整该装置照亮工作区域，最好是台灯，它既可以向下也可以向上进行照明；
- 一个大公示栏，陈列孩子们的作品并且记录他们的活动。

① 这同样也源自人体工程学原理——为了保护孩子们的脊背——是非常必要的。参见本书关于迷你画室的章节。in：von der Beek，A./Buck，M./Rufenach，A.：Kinderräume bilden. Beltz Verlag 2003.

感知身体

> 在我们所有的感觉当中，最先发育的就是触觉。
>
> ——丽丝·艾略特

人们对新生儿的脑电波进行研究后发现，他们的大脑中只有触觉以及运动机能区域十分活跃。如果我们谈及新生儿有意识的感知，指的就是他们对身体接触的感知，这是他们感受最多的。但这并不意味着，新生儿的触觉系统已经发育成熟了。我们可以观察到，小婴儿们都愿意把东西放到嘴里去感知。他们对触摸的感觉是从上到下发育的：从嘴经过双手最后到达脚上。个体一般要在 18 个月大时才可以辨别出物体之间微小的差异，若用嘴感知的话，在出生后就可以发现这些不同。

神经生物学方面有关新生儿的新进研究结果就如同当代发展心理学的新发现一样，引发了教育学界极大的兴趣。在丽丝·艾略特看来，触觉体验在大脑成长的整体质量中发挥了“令人惊异的强大作用”。①

近些年来的神经生物学研究结果表明：我们成年人拥有一个可供我们进一步发展的频谱，它早就形成了并且我们不能越过这一范围。我们最初几年的经历决定了个人能力的大小。就触觉而言，早期的触觉体验一定程度上决定了我们的触摸感知范围。

此外，神经生物学还发现，触觉器官的发展相对比较缓慢。理论上，孩子们想要发展出相对精准的触觉要经过六年时间，因为触觉感受在一开始是混乱的，因为大脑中不同身体部分的控制区域是互相重叠的。“地图中的边界模糊不定。”②

在 20 世纪 70 年代，布鲁诺·贝特尔海姆（Bruno Bettelheim）从精神分析角度指出了优质的身体护理为何是重要的。“早期关于身体护理的经验归

---

① Eliot，L.：Was geht da drinnen vor. Die Gehirnentwicklung in den ersten fünf Lebensjahren. Berlin Verlag 2001，S. 186.

② Eliot，S. 190.

根结底就是我们与身体之间的关系——不论这种护理是好是坏，能给人带来愉悦还是带来被忽视掉的不快。人们在面对小婴儿时的一些方式，清理或者清洗，决定了这些婴儿之后的运动神经发育。”[①]

精神分析的观点表明，过度的卫生教育会对人格发展产生伤害，这导致 20 世纪 70 年代以来，人们开始反思一些传统的清洁教育行为，如对婴儿早期的“把尿行为”。

如果人们停止一件根植于文化传统中的行为，重点是要依靠理论依据来解释这些“遗漏”[②]。除了对教育领域进行广泛研究得出的心理分析的主要观点外，我认为神经生物学的研究结果对托育机构的教学发展十分有帮助。这些知识背景可以更加准确地规范教育工作者们的行为，如给婴儿换尿布。在有关触觉体验对大脑发育所起到的作用上，最新得出的研究成果也激发了原先单调的卫生间材料配置方面的想象力。

如果我们想要通过空间布置推动孩子们做自己想做的事，除了运动的乐趣和留下创造性痕迹的需求外，还有探求身体以及与水一起做实验的乐趣。因此，仔细地布置卫生间区域不仅满足了孩子们的需求，而且对保证教育质量有重要意义。如果条件许可，幼儿就会发现一切必需品，这些都能够以最大限度促进他们的自我教育过程。

保教人员的角色

艾米·皮克勒指出，在像托育机构这样的机构里，为婴儿换尿布通常是教育者最亲力亲为照顾孩子的情况。

换尿布不仅与婴儿的清洁有关，在这个过程中，你可以更准确地了解到孩子的身体状况。你可以在整个过程中与婴儿进行交谈，时刻注意他们的反应，甚至去理解他们牙牙学语的具体表达。除了亲切的交谈，温柔的抚摸也很重要。“在护理的过程中，手部的一些抚摸要小心谨慎，如果太过于粗重，如老练机械般冷漠而快速地进行操作，会让孩子们在身体接触的过程中感到不快。”[③] 只有你怀着感情对待孩子，孩子们才会愿意与你进行协作。这种自愿的共同协作不仅对于孩子与成年人之间的关系具有重大意义，而且能减轻你的一些工作压力。

为了给教育孩子腾出时间，十分匆忙地完成整个

① Bettelheim，B.：Der Weg aus dem Labyrinth. Leben lernen als Therapie. Deutsche Verlags-Anstalt Stuttgart 1975，S. 71.

② “遗漏”指停止传统的清洁行为。

③ Falk，J.：Die Einheit von Pflege und Erziehung. In：Emmi Pikler u.a.：Miteinander vertraut werden. Arbor Verlag 1994，S. 52.

护理过程是不行的。就像艾米·皮克勒长期的工作伙伴，儿童医生尤迪特·福尔克强调的那样："全情投入的身体护理对于保教人员来说是教育工作中十分重要的一部分。"

保持专心

在给婴儿换尿布或者进行身体护理时全程小心谨慎，有助于建立和巩固你与婴儿间的良好关系。为了加强这种关系，在将婴儿身体擦干的过程中，即使是家长要求，你也不能为婴儿施加任何压力。

经验表明，许多家长都十分想要快速将自己的孩子"变干净"，也许家长们往往受到来自外部环境的压力。你应该与父母展开对话，而不是屈从于他们，给孩子施加压力，从而妨碍你与孩子的关系。家长们从托育机构得到的第一手信息应该是：直到孩子能够独立上厕所时，再送他们去托育机构。父母通常赞成这样的做法，但有时，当需要等待的时间太长时，他们就不会这么做了。

由于模仿的效果，“清洁工作”在托育机构里通常变成一个孩子们很快就能自行解决的问题。这尤其适用于 2~3 岁进入托育机构的孩子。

这与在小婴儿身上的表现截然不同。因为对膀胱等肌肉的控制能力在幼儿 2 岁后才会开始发育，因此大多数 2 岁半以下的孩子对于排泄的控制还不是很成熟。[①]

我们必须清楚，这与婴儿所处的身体发育阶段有关。“为了控制这一自然的过程，孩子们首先要学会感受分辨出膀胱的尿意并且理解它代表的意义。对于垫着尿布的婴儿来说这并不是一件容易的事情。其需要从身体内部以及尿布与身体之间获取许多感觉。许多感觉在一生中毫无意义，无论是鼻子发痒，身体的某一个部位瘙痒或者是感受到来自襁褓的压力。所有的这些敏感性和尿布变湿、变暖都有关联。但孩子们不清楚这样的关联，就像他们完全感觉不到的‘膀胱

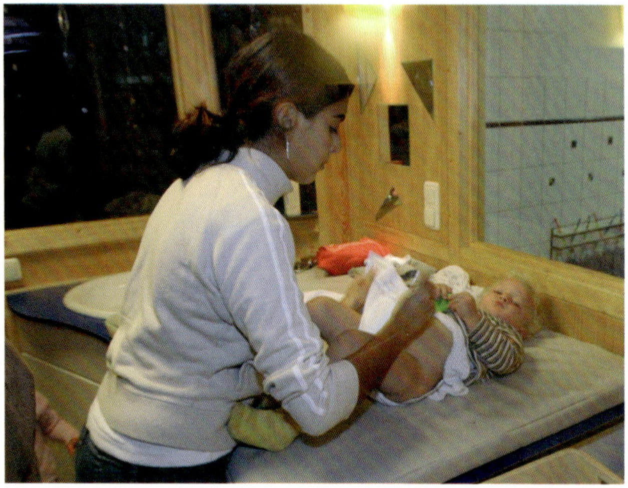

已满’和‘尿意’之间的联系。”[②]

为了分辨出这两个混乱的身体信号之间的联系以及实现对膀胱肌的控制，孩子们的中枢神经系统需要达到一定的成熟度。冈希尔德·格林和英格·博登堡将这十分形象地描述为：“我们稍微回忆一下成年人是如何完成排尿过程的：膀胱满了，神经感觉到了来自膀胱壁发出的‘膀胱满了！快排尿！’的信号，这个信号由脊髓传到控制中心，进而被大脑皮层中的一个特殊设立的控制部位获取。接下来这个控制部位展示了如何使汇报的‘需要’得到满足。在整个反馈过程中，预先通过控制外侧膀胱肌的收缩来抑制排尿。

① Zimmer，K.：Schritte ins Leben. Kösel Verlag 1991.

② Grimm，G./Bodenburg，I.：So werden Kinder sauber. Rowohlt Taschenbuch 2000，S. 34 .

通常，在我们的意识中，在排尿之前还需要进行一些步骤：中断对话或工作，寻找厕所，解开裤子……大脑此时决定针对这种情况的适宜的行为，并且发出实施信号。当然，孩子们也要在形成习惯之前，额外地去学习这些。”①

托育机构中的一个普遍现象是，在夏天的时候孩子们被允许不穿内裤在外面闲逛。大约 2 岁半的孩子尿完后需要进行擦拭。因此我们可以猜测，他们在接下来很快就会再次产生尿意，并且能够以自己的速度锻炼对膀胱更长时间的控制。在特定的时间，当孩子们身心都准备好了的时候再为孩子们擦拭。由于孩子们把排尿过程看作自己完成的功绩，所以他们不会重复进行排尿，就如同我们经常在孩子们身上观察到的那样，孩子们通过强迫自己“训练”，来保持清洁。

即使父母提出有关卫生教育方面的问题，我认为你也应该将这些事情与家长们说清楚。这些对话一方面是要整理出最重要的专业上的信息并且将它们传递给家长。家长常常从不知名的咨询著作或从亲戚朋友处获取建议，这些也有一定的参考意义。另一方面，家长们可以互相交换经验并且在交流过程中分享一些孩子们有趣的特点或者共同点。

即便你是第一次照顾 3 岁以下的婴幼儿，你也应该先组织一次家长会。因为在我看来，托育机构是一个能够让所有参加者得到放松的地方。只要你相信孩子想要“长大”的意愿，将这些在家长面前自信地表现出来。你不仅可以讲述理论，而且可以提供令人信服的实例。除此之外，你还可以借由这次谈话向家长们表达自己对他们的期望，如通过给孩子穿一些实用的衣服来表达对孩子们的努力的支持，这对你来说也减轻了工作负担，否则你必须每天为孩子们穿衣脱衣，或者帮助孩子们穿衣脱衣很多次。

在通常情况下，其他国家的家长会像德国的家长一样，把自己所有的关于清洁教育的观点都表达出来。因为不仅仅是在不同文化中，在同一个文化内部

① Grimm/Bodenburg 2000，S. 36.

也存在着同样大的差异。例如，来自非洲的家长对这个话题就不如其他国家的家长那般重视。

语言理解上的差异常常导致文化理解上的障碍。我所知道的少数几个办法之一是用土耳其语[①]写一封家长信，在信中至少对“清洁教育”这个主题提到一两句。[②]

如果你是第一次照顾 3 岁以下的儿童，清洁教育可能比想象中更困难。事实上，这个主题针对的不是一些复杂问题，而是日常中要经历的一些事情。你在生活中才能明白，这其实不是什么真正困难的事情。如果你所在的机构并没有对看护者与孩子间的关系做出必要的改善，机构至少需要确定房间的布置和材料选择。

给孩子提供的按摩会远远超出身体护理的范畴。在我作为专家顾问时，与我一起工作过的一位汉堡托育机构的保教人员会定期在她照顾的孩子们身上进行按摩。她会先使用一种按摩球，然后，在孩子们脱衣服时使用一种柔软的刷子。此外，她还十分重视对孩子身体各部位的均匀抚摸并说出各个部位的名字。她仔细地按摩了孩子的身体前部、后部以及左侧和右侧。最后，孩子们可以自己表示出想要保教人员用什么给自己按摩，哪个部位想要再被按一按。

一个间接的按摩方式就是将不同重量的沙袋放到孩子们的身上——从 250 克到 500 克再到 1 千克不等。同时，保教人员也应当重视孩子们身体发出的一些信号：是放松地闭上了眼睛或者是紧闭双眼？是否张开双手？是否把眼睛转向一旁？这些有关按摩的照片向我展示出了孩子们是多么享受这些保教人员对他们进行的身体护理。

这种教育者和孩子身体之间对话方式的另一种选择就是“豆子浴”。在这种方式下孩子按照自己的喜好自己进行按摩。为了实现这一需求，人们布置一个塑料盆，并用一些自然材料如豆子、大米、栗子、软木塞或者小石头填满。软木塞的重量十分轻，而小石头的重量相对会重一些。栗子的表皮很坚硬而且很容易发霉，大米和豆子沙沙作响的声音听起来棒极了，但这些都很容易积满灰尘。

在这些所有曾在汉堡托育机构试过的材料中，最令我满意的就是“豆子浴”了。因此我也推荐你们，用黄色、黑色或者红色的豆子装满浴缸试一试。

---

① 译者注：德国有很多土耳其人，有些家长不懂德语。

② Türkisch-deutsche Elternbriefe：Brief Nr. 3. Hrsg. vom Arbeitskreis Neue Erziehung e.V.，Boppstr. 10，10967 Berlin.

同伴

在一间具有特殊功能的卫生间内，温度适宜且地面有排水口，孩子们可以从爬行阶段起独自或者成群地活动。就我观察，在浴缸旁边没有什么比镜子更适合小孩子们玩耍的了，镜子可以促使孩子们独自或者一起玩耍。

孩子在镜子前做手势、摆出各种表情，对着镜子互相模仿，互相比较。因此必须在洗手槽上方安装一个镜子。为避免镜子被溅上水，通常人们会把镜子安装得很高。但如果人们能够把镜子向前倾斜放置，并在这个角度上加固摆放，那么问题就解决了。①

在每个为 3 岁以下孩子们布置的卫生间中，应该在踢脚板（地脚线）上方布置一个尽可能大的镜子，这样尚处在爬行阶段的婴儿就可以从镜子中看到自己，他们可以坐在镜子前和镜子中的自己或者一群人进行对话。

镜子前也是孩子涂身体乳的最佳位置。当然也可以把镜子设立在浴室的墙边，浴室不一定总是要装满水。两个或者三个孩子可以只使用浴室中的洗手池，在其中按照自己的心情涂抹一些乳液或者泡沫。

据我观察，我们越少看管孩子们，他们就会越快接受对方。这也是“儿童戏水池”不能仅配备一个小的淋浴喷头最重要的原因。如果这个区域足够大，能够戏水、涂乳液和做实验，孩子们可以自由选择是要自己在其中玩耍还是和朋友们一起。很多时候，他们两者都想要。如果给他们预留出足够的时间，孩子们比较愿意和同伴们一起友好地玩耍相处。

① 由此产生的楔形空间应该用木条封闭住，这样孩子们就无法把手伸到镜子后面了。

因此，卫生间各处都应该装上镜子，因为它不仅可以吸引孩子们注意到自己的身体，还可以促进孩子们之间的交往和游戏。镜子应该装在卫生间的各处——在洗手池上、在淋浴间旁或者在戏水池处，在墙面的空余处，或者把镜面瓷砖安装在墙上。我曾在雷焦卡拉布里亚（位于意大利南部的城市）托育机构的厕所中看到过这种具有镜子功能的瓷砖，被安装在了很低的地方。这使我立刻意识到：对于孩子们来说，这可以使他们在上厕所时经过的长过道变得有趣，这些地方的镜子也可以当作是成年人向孩子们发出的讯息：在这个厕所的一切都是井井有条的，你们可以在其中静静地享受自己的时光。

卫生间作为体验区

你一定很赞同我的以下观点：如果只把卫生间作为身体护理的一个区域，这无疑是一个很大的资源上的浪费。但是从卫生间的传统布置方式来看，它需要针对托育机构的孩子们进行改造，使其具有多种功能。孩子们不仅可以在洗手池中洗手、洗脸和刷牙，洗手池的布置还应该能满足他们进行探索的需求。

洗手槽

一些水上游戏当然也可以在洗手池中开展。在我的印象中，近年来，小型洗手池非常流行，但这对于水上游戏来说太小了。因此我非常推荐洗手槽。它的优点是可以供很多个孩子同时玩耍，也拥有足够的空间可供个人的活动展开。除此之外，洗手槽还减少了我们成年人的监督工作，让孩子们可以用水进行实

验，因为有了洗手槽，孩子们不再把整个卫生间都淹没在水里。当水太多溢出来时，地面上的排水口就十分有帮助了。安装一个排水的一个大型阀门，可以帮助你节省下许多时间，在孩子们的日常活动中消耗你最少的精力，同时还可以使他们在活动中获得快乐。

我观察到，小孩子们第一次在洗手槽边玩水时总是很小心。他们会从水槽中熟悉的物件开始尝试，应该为他们准备漏斗、汤勺、漏勺或者打蛋器一类的厨房用具。在水中滴几滴肥皂水——孩子们就可以用打蛋器在水中搅拌起泡沫，用器具在厨房之外的地方做实验：哪一个更沉？是杯子里装满泡沫，还是杯子里装满水？

当孩子们脱下衣服时，他们可以无拘无束地进行活动，这也会大大节省监护者们的工作量。但同时也要向孩子们明确规则，他们只有在把内衣裤脱下来后，才允许在水槽中玩耍。

卫生间里通常很冷。因此必须保证卫生间的窗户和门都是关闭的，暖气是打开的状态。橡胶垫[①]可以避免让孩子的脚直接接触冰冷的地板，并且在实验最后要为他们准备好一个大大的浴巾，及时擦干。

用一个洗手槽来替代两到三个小洗手池也是可以的。[②]没有其他任何实验，能够比用水做实验更需要人们对孩子富有耐心以及严加关注了。当你准备和孩子们一起进行水实验时，你会发现，孩子们会抓住每一次机会来控制水龙头，并且在任何合适或者不合适的地方研究“水”的现象。

针对“水取之不尽”这一主题，有一个很好的例子：在马蒂亚斯·巴克的鼓励下，一家汉堡托育机构

① 木质脚垫能够刺激儿童脚掌，也营造了愉悦的氛围。
② 如果有可用的空间与卫生间连通，可以另外安装洗手槽。

里布置了一个用混凝土制成的洗手槽，里面装有一个没有出水控制的水龙头。因为这样，水中就不会有气泡，让人感觉所出的水仿佛来自一汪清泉。

毛巾

在大多数卫生间中——同时也适用于托育机构阶段的孩子——会将 25 条毛巾挂成一排，这占据了墙上很大一片位置。直到今天，这个卫生上的传统仍然被沿用，其很大一部分原因是这样做可以避免传染。那些接触到孩子们日常生活的人就能明白，传染的风险也存在于交换玩具时。因为小孩子们为了识别事物经常把东西送到嘴边。尽管如此，没有人想到过要监督小孩子不要把玩具放到嘴里，以此来避免这些卫生上传染风险的发生。

德国的托育机构没办法保障和医院一样的清洁条件。在一个教育机构——与医院相反——诸如在汉堡托育机构和我曾一起工作过的团队中，我们也没有理由去思考是否每个孩子都真正需要自己的毛巾。这一问题的出发点在于，一些保教人员观察到，事实上，托育机构孩子很少用到或者根本不会每次都使用毛巾。

如果卫生措施不能始终贯彻，那采取的防护手段就是没有意义的。只有当某个孩子患上了传染性疾病且仍逗留在托育机构时，坚持遵守卫生制度才是有必要的。

如果我们为孩子们安置了洗手槽供他们玩耍，第一，这是因为我们观察了孩子；第二，孩子们可以自己一边洗手一边进行实验；第三，我们可以使他们身上最大的器官——皮肤得到体验；第四，他们可以通过注水、换水、排水的过程拥有身体上的基本感知。

通常情况下可以采用以下这些方法：根据孩子的数量挂上一条到三条毛巾，每天至少更换一次或者多次。这样，需要清洗的毛巾不会比一次性积压 25 条

小毛巾更多，这些毛巾一周内至少要清洗一次。

告别成捆的毛巾有两大好处：首先墙上会腾出大量空间，如可以用来挂镜子。另外，房间就能摆脱它的“机构特征”，当个人的毛巾挂成一长排时，这种特征必然就显现了。

戏水区域

婴儿浴盆是为 3 岁以下儿童配备的儿童卫生间传统基础设施之一。在新联邦州的许多机构和旧联邦州的几个大城市，托育机构已经早就配有这些装置了。

儿童在很早的时候就定期在婴儿浴盆中洗澡。这种“清洁习惯”在我看来，现今已经消失了。有时候我们的小浴盆和淋浴装置都安置在很高的底座上面，这是为了适应成年人的高度，保护他们的腰部。

- 由于现如今，在为 3 岁以下孩子设立的机构中，清洁工作大大减少，只有很少的婴幼儿需要常规的清洗，所以这些洗浴设备就显得多余了。我们没必要重装这些设施并且将它们从原来安装的地方拆卸下来，因为它们可以供孩子们进行戏水游戏。
- 如果有可能，每一个托育机构都应该具备一个戏水区域。这可能就是个普通的淋浴区。如果孩子们有一个“合适的”机会戏水，他们就会更多地感受到水的乐趣，毕竟他们就是从水元素中来的。孩子们用泡沫或糨糊颜料做实验时，你也会轻松很多。
- 安装一个洗手池或者配备一个可充气的泳池，无疑对孩子们来说是最好的选择。然而在日常实践中，你是要每次重新布置一个戏水区，还是本身就有一个戏水池，工作量会有很大的不同。尽管在有戏水池的情况下保教人员也需要高强度的工作，但安装一个戏水池还是值得的。一个关注到工作人员利益的机构可以更容易且更好地满足孩子们的需求。

尿布台

这个理念设计尤其适用于给婴儿换尿布的区域。因为孩子们在换尿布时很需要保教人员对他们的个体予以关注，因此尿布台的设计必须使这一过程不那么匆忙且程序化地进行。如果这项烦琐的工作变得容易一些，你也能为孩子们营造出一个舒适且自由的环境。

换尿布的桌子需要够大且够高，这样也可以使相对大一点儿的孩子感到舒适，在上面躺着时也不必蜷缩身体。不要忘记最好直接在尿布台旁安装一个洗手池，或者将这两者设计成一体式，因为这可以免于在尿布台和水池之间过于奔波。

最后一点是，每张尿布台都要装爬梯，这样你举

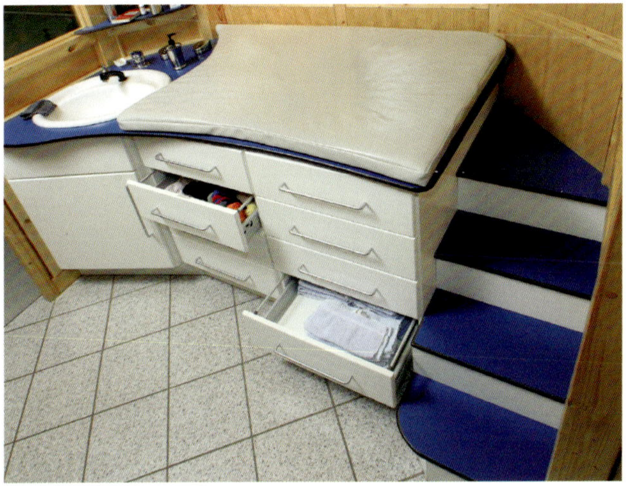

起孩子时就可以尽可能减少背部损耗。除此之外，独自走到尿布台对孩子们来说也很重要。

尿布台下应配有抽屉或开放式的一扇一扇隔栏，方便你抽取尿布和手纸。这样你就不需要跑到太远的地方去取，也相对减轻了你的工作。

由于婴儿在换尿布的时候是仰躺的姿势，目光看向上面，因此不要在尿布台周围布置一些反光的东西。一个来自雷焦卡拉布里亚教育机构的建议是：在尿布台上布置一面镜子。婴儿可以在换尿布的同时观察镜子。他们的注意力被镜子吸引了过去，这可以使你的换尿布工作相对容易一些。

如果将3岁以下儿童纳入现有的幼儿园中，这种情况下的过渡期通常很短，保教人员更要慎重对待换尿布的过程。将尿布台放在过道、一些狭小不通风的小房间或者活动室中是不行的。这样做就和让大孩子们在教室里上厕所一样了。

在艾米·皮克勒发起的“护理和教育一体化”项目中，在必要的亲密关系培养以及卫生方面的理由要求下，尤其是为了避免教室里的气味干扰，尿布台必须放在根据托育机构孩子需求量身打造的卫生间里。如果只接纳3岁以下的儿童，需要布置一个“节约方案”，这个方案要满足以下几点要求：尿布台要布置在洗手池旁，或者布置在卫生间的一个角落，这样也可以将角落的空间利用起来。这个尿布台最好再配备一个可移动爬梯，爬梯中的空间可以用来当作抽屉放置物品，可以抽拉式地前后推动。

儿童专用厕所

在正常情况下，无忧无虑的儿童从2岁半起才开始自己上厕所。儿童学习上厕所的这个过程，即他们学会控制自己的膀胱肌的过程是很复杂的。然而，只要他们掌握好学习模仿的能力，那么学会自己上厕所就不会很困难。在托育机构或者各年龄层混合的幼儿园群体中会发生这样的情况：孩子们向那些比他们年龄大一些的孩子学习怎样上厕所，要比向父母学习快一些。当马桶的高度矮一些时，孩子们可以在没人帮助的情况下自己坐到上面去。马桶布置成26厘米是最适合的高度。

专为幼儿布置的厕所不仅能让孩子们得到舒适的

体验，而且能减轻你的工作负担。许多儿童更愿意自己去上厕所，但因为马桶太高了，所以他们不得不需要陪同。

你也可以想象一下，在这些根据孩子需求布置的卫生间里，他们所能感受到的感官上的愉悦。除此之外，这些专门布置的房间还可以用作孩子们的迷你艺术室。

因此，打造一个专供儿童使用的卫生间是值得的。在许多情况下，人们可以在改建卫生间时考虑上述建议。至今没有（教育）机构能证明，在没有配备与儿童发展相适应的卫生区域的情况下，能够接纳 3 岁以下的儿童。

资金要花费在合适的地方。当你清楚了解了你想要的是什么并且有理有据后，你就会知道，以上的这些建议设备不会比传统设施贵，可能只是很难购买到罢了。

其他昂贵的设施，人们只有意识到隐藏在它们背后巨大的教育意义，才会明白投入到上面的金钱是值得的。我经常会感受到，尽管建造、扩建或改建的目的是布置一个适合儿童的卫生间，但是实际的卫生间不能够满足儿童的需求，同时也几乎不能够减轻保教人员的工作负担。造成这一结果的原因是，负责人之前对此了解得并不够。

高质量保教特征

一间专门为儿童设计的卫生间必须具备多种功能。它因此不能够像低等级房间那样设计，也不能够布置在建筑的中心位置。

灯光

同其他所有为孩子们设计的房间一样，卫生间要能接收日光，也就是说，光源最好是来自窗户而不是灯带，也最好不要依赖人工通风。如果不能避免使用人工光源，那么光源至少不能刺眼，最好能够类似自然光。

温度

室内温度最好能够满足的条件是：孩子们在卫生间中可以舒适地更换衣服。温度最好设置在 22 度。一种简单的地暖，以螺旋的形式布置在地底不会造成太多花费，相反其产生的价值要远大于投资。

声音

由于铺设的瓷砖和地砖使得卫生间中回声过大，因此必须布置一个防回声装置。除此之外，只有在绝对必要的地方才需要铺设墙砖，并且墙砖的高度不宜过高。这不仅可以改善卫生间内的回声效应，而且可以节省花销。

托育机构卫生间

卫生间最好布置在活动室内，或者紧挨着活动室，并且用带有玻璃窗或玻璃门的墙隔开。

房间面积要求

15 平方米。

配置

- 安置在窗户旁边的尿布台，并配有固定的爬梯以及内置洗手池，洗手池上的水龙头可自由调节冷热水；
- 配有淋浴喷头的洗澡间，可供戏水娱乐；
- 一个有 53 厘米高的洗手池，配有洗手槽、混合阀、冷热水管、溢流装置以及一面镜子；
- 两个带有马桶座圈的儿童马桶，每个 26 厘米高，在房间中由一面半人高的墙分隔开；
- 空白的墙面以安装架子；
- 在尿布台区域安装不刺眼的灯，一张可供孩子们用糨糊、黏土、颜料进行实验的桌子。

每个卫生间的地板上都需要一个排水口，这样可以使孩子们不受额外的限制，自由地在里面玩水。我的建议是：可以合并两间小的卫生间成为一个大的房间，这样就有足够的区域在其中布置一个戏水区，为孩子提供多样的感官体验。

进餐与享受

“你肯定对‘健康的’或者‘有营养的’饮食有自己的看法。但是你是否真正将它付诸实践了呢？例如，你可能认为薯条搭配咖喱香肠、橡皮糖、可乐或者烤肉不够‘健康’，但是作为理智的成年人，你周围的朋友，包括你自己，是否明知如此却仍然吃喝这些东西呢？这又是为什么呢？”

答案很简单：在我们选择食物时，不一定会遵循着“我认为什么是健康的”这一标准。我们挑选的食物也与我们的品味、心情、特殊的欲望和偏好有关。

此外，这还取决于我们用在一餐上的时间和金钱有多少。还有一点很重要：我们是喜欢且擅长烹饪（二者通常是共存的），还是我们的烹饪技能很勉强。[①]

享受的能力是与生俱来的。它与婴儿的饱腹感有着直接的联系：一个吃饱了的婴儿会非常满足和开心。

但是，从出生起，进食就不仅是一个生物过程，而且是一个社会过程，孩子与喂养人之间的关系决定了这个过程的质量。父母不会担心，他们相信孩子天生就拥有能够控制自己摄入食物的能力。但是，那些怀疑孩子有能力适量选择适合自己的食物的成年人自己也面临着或多或少的问题。

营养专家、儿童医生和心理学家现在一致认为，我们社会中的饮食问题早就存在了。他们认为，成年人对孩子的自我调节能力缺乏信任是导致这一问题最重要的原因。因此，心理学家安妮特·卡斯特－察恩（Annette Kast-Zahn）和儿童医生哈特穆特·摩根罗斯（Hartmut Morgenroth）在他们的家长指南《每个孩子都能好好吃饭》中提出了以下规则：“我决定什么时候吃饭、怎样吃饭、吃些什么。你决定吃不吃、吃多少。”

对于3岁以下儿童的托育机构来说：托育机构给孩子们提供适宜且丰富的食物。托育机构应有相对固定的用餐时间——有特殊喂养需求的婴儿除外。

① Kast-Zahn，A./Morgenroth，H.：Jedes Kind kann richtig essen. Verlag Oberstebrink 2004，S. 48.

保教人员们提供日常每餐。也就是说：已经展示在餐桌上的美食，（可以在孩子们的主动帮助下）摆好的餐具以及营造安静的用餐氛围。这些是你能够以及应当践行的几点。

保教人员的角色

在许多托育机构，人们始终坚持认为在进餐环节不应该让孩子过多地“尝试”。一方面，这表现了对孩子们缺乏信任；另一方面，保教人员以此避免良心不安。他们认为，负责孩子饮食是他们的任务，并且不满足于检查就餐环境是否已经足够良好。一些保教人员可能缺乏耐心，无法静静等待孩子们养成自己的饮食习惯。

提供食物，但不要催促

在托育机构的进餐时间，你可以为孩子们树立一个好榜样。对于喜欢吃饭的孩子，你只需要确保良好的吃饭条件就行了。对于不好好吃饭的孩子，你要仔细观察。很多时候孩子们在不熟悉的地方总是会表现得很害羞。一旦他们熟悉了之后，就会开始享受食物的美味了。

然而，有时候食欲不振也预示着疾病，或者孩子们已经习惯了在家的饮食。尤其是那些文化背景不同的孩子，（家中的）食品的种类和烹调方式往往和托育机构提供的有很大区别。孩子们一旦在托育机构中形成饮食习惯，之后和父母一起进餐就会变成一个复杂的话题。对于这些孩子，托育机构应该保证在进餐环节让他们获得“我可以吃饭，而不是必须吃饭”的体验。

在这一点上，我要指出孩子们对吃饭缺乏兴趣的一个原因：饮食对感官没有刺激作用。

在新联邦州，托育机构的食物都是厨房新鲜烹饪出来的。在2000年之后，几乎所有的厨房都关闭了。取而代之的是将工业加工后的成品食物加热，或者将在大厨房中统一准备的热乎乎的食物送到托育机构。从中受益的是提供食物的公司——至少不是孩子，也

不是保教人员。

除了重要的健康和生态方面的问题，这种食物供应的方式首先引发的是感官体验的丧失。食物如果不是在托育机构里烹饪的，孩子和工作人员就很难享受到饮食的方方面面了。如果在托育机构中烹饪食物，孩子们就能够通过房子里弥漫的气味辨别有什么吃的了。在参观厨房时，他们能够看到、听到并且闻到食物是如何烹饪的。瑞吉欧小镇的人表示，一个每天烹

任新鲜食物的厨房是一所机构的“肚子”。[①] 这个地方是无法替代的。

据我所知，在旧联邦州，只有汉堡的每个乡镇托育机构有厨房。但这里从几十年前起，一半的饮食都是成品食物。然而，我在汉堡托育机构里体验到，只有托育机构中拥有自己的厨房，才可以灵活满足孩子们的个人需求，应对一些特殊情况以及满足一些节日时的特殊需求。

孩子们身体上的器官，能够让他们从出生起就吸收、加工营养，并且分辨饱与饿。但真正相信这一点对许多成年人而言并不容易。然而，食物不是“教育手段”。我们的任务是为孩子提供种类多样的食物。由此可见，食物不是用来奖励或惩罚孩子的。

只有成年人行动起来，反对托育机构里的成品食物或熟食，为孩子争取每天在托育机构中吃上新鲜食物，才能够使孩子们养成每日正常用餐的习惯。在任何其他情况下，你都需要保持镇定，因为与任何其他情况相比，吃饭最能够给孩子们带来乐趣。当然，前提是你为孩子们提供食物，而不是强迫他们吃饭。

饭后甜点一直是个值得考虑的问题。如果孩子没有吃主食，他应该得到甜点吗？如果你不想用“收回他们的食物”这种方式来惩罚孩子，答案就是：应该！

我们的任务是确保食物供应保持营养均衡。当个

① 在瑞吉欧·艾米利亚小镇的 32 个托育机构和日托中心，每家都有自己的厨房，每位厨师每天要为最多 90 个孩子做饭。

别孩子偶尔拒绝一部分食物时，是没什么问题的。但是，许多成年人对孩子拒绝吃饭表示不理解，有时甚至表现出攻击性。他们不认同孩子，坚持认为孩子应该吃掉桌子上的食物。他们对于孩子应该吃多少的问题，已经形成了刻板的想法，忘记了衡量进食分量的唯一有用标准是孩子的自我调节能力。

认为孩子们应该吃掉他们盘子里盛的东西的看法也是有问题的。为了避免无用的原则讨论，我推荐你观察孩子的盘子和餐具的大小。成年人的餐具并不适合托育机构的孩子。幼儿应该用小盘子和小勺子，这样他们就不会一下子取太大分量的食物了。

对此我要说两个方面：一方面，我认为，只要托育机构孩子表达了自己的愿望，他们就应该理所当然地自主进餐。另一方面，很明显他们首先必须学会自主进食。

对于幼儿来说，首先，做一件事的乐趣占主导地位，也就是盛满盘子和吃掉食物的自豪感。只有在那之后，吃多少分量以及吃到几成饱才变得重要。为了支持孩子们独立进餐，桌子上应该有足够多的小勺子和小盘子，孩子们可以自己把食物盛到盘子上。据我观察，孩子们学这个很快。

允许幼儿用手吃饭与提供儿童餐具并不矛盾。幼儿用手指是最熟练的。当他们能够坐在桌子旁时，他们也能够控制眼睛与嘴巴和手的协调，用勺子就难多了。比起用手，工具的使用需要更多技巧。

在我所合作的汉堡托育机构里，下列几点已经得到了成功的尝试：孩子们得到允许，可以用手吃饭。在他们的盘子旁既有勺子又有叉子，如果需要还可以用刀。孩子们自己决定，什么时候使用餐具。这种选择自由使得孩子们比他们的许多同龄人吃得更端庄，尽管那些同龄人的保教人员很早就试图教他们用餐礼仪。

会坐的孩子可以解放双手，不知疲倦地练习抓东西、放手。简言之，就是会有目的地使用双手。因此，他们通常可以在一年内不用工具，而是用手独立进餐。

> 在托育机构里，只有婴儿才需要喂食。对其他孩子来说，只要满足自己进餐的基本条件，都应该自己吃东西。

除了已经提到的因素和接下来要探讨的空间布置外，根据我的经验，保教人员不与孩子一同用餐，而是陪他们吃饭这一点是很重要的。如果托育机构里有婴儿，你应该在常规的用餐时间之前或之后喂他，因为这需要你集中注意力。

我发现，许多幼儿一起吃饭是很不合适的。人们不能把孩子在托育机构吃饭和在家吃饭相比较：没有家庭会有十个甚至更多同龄的孩子。

我也不相信成年人榜样示范的作用。我看到了成年人带给孩子们的额外负担，如果要照顾孩子，成年人便无法安心吃饭。如果成年人专注于自己的食物摄入时，他们必然会忽视孩子。

> 对于 0~3 岁的孩子，保教人员既需要满足他们对于追求独立的需要，又需要在他们无法取得进展时提供帮助。只有专注于孩子，才能做到这一点。

如果你让孩子在规定的用餐时间里自己决定是

否吃饭或者吃多少，那也应该让幼儿决定他们何时吃饭。婴幼儿的新陈代谢与成年人明显不同，当他们表示饥饿的时候，总是需要吃东西：在婴儿需要时给他们提供牛奶或者粥，对 1 岁以上的幼儿提供点心（加餐），如新鲜的水果、蔬菜等。

为婴幼儿提供甜食类点心和含糖饮料是特殊情况的做法。而将托育机构完全视为“无糖区”，我认为是不合理的。你应该尽可能谨慎地对待甜食，特别是不要把它们当作安抚和奖励孩子的材料。

在许多托育机构，有着许多饮食规定：孩子们饭前必须洗手；嘴里有食物时不能说话；在所有孩子吃完饭前，他们必须一直坐在桌子旁；饭后刷牙。

如果你照顾 3 岁以下的儿童，你应该检查一下现有的规定，看看它们是否符合孩子的发展阶段。例如，我认为幼儿吃完饭后，可以起身。其他保教人员可以照看孩子去卫生间洗手洗脸。只是陪他们并且在需要的时候递给他们毛巾、肥皂，而不是用同一块布去清洁所有孩子的嘴和手。

因为孩子们吃完饭后就要上床睡觉了，所以你要给大多数孩子提前换好尿布。在你忙得不可开交时，孩子们就会有兴趣尽可能独立行动了。

托育机构卫生间、用餐区和卧室的质量标准旨在让你更容易开展每天中午你所要完成的工作。每天用餐时间你都要和许多幼儿一起，让他们的身体和睡眠都感到舒适。如果这些日常生活环节总是需要临时安排并且房间要临时布置，你会负担过重，机构也不能在这样的日常条件下发挥教学潜力。

吃饭、睡觉和身体护理对孩子来说至关重要并且占据了一天之中的一大部分时间。这些活动覆盖了0~3 岁儿童最全面的教育领域，因为它们刺激了儿童的所有感官。

在托育机构里，这些活动领域是相互影响的。它们将孩子们能做的事衔接起来。当你认真观察孩子们的一系列动作并且满足孩子们的个人需求时，孩子们的自信感会得到很大的提升。每个孩子都会为自己吃饭、自己倒饮料、自己穿脱衣服、自己洗澡并且擦干等行为感到自豪。显而易见，拥有这些日常技能的孩子能取得多么大的成就感。

吃饭、睡觉和身体护理作为学习领域不应该被忽略。相反：这些活动提供了一种复杂性，也就是舍费尔所说的幼儿学习的基本特征。

同伴

在吃饭时，同伴之间的支持作用就尤其明显了。因为大多数孩子喜欢吃饭，他们就能相互感染。在我的印象中，集体进餐会使得许多孩子有胃口吃饭，这时他们就不需要成年人做榜样了。

如果允许孩子们自己吃饭，人们可以一次又一次观察到，小孩子是如何仔细观察大孩子、模仿他们并且愿意得到他们的帮助的。即使他们仍然用手吃饭，他们也会非常准确地注意到其他孩子在使用餐具。他们在不被强迫的情况下尽可能早地使用这些餐具，因为他们也想“长大”。一个稍大些的孩子尝试用刀在面包上涂抹黄油，这留给我的印象比成年人灵活地完成这个动作要深刻得多。

用餐区

0~3 岁儿童需要一个独立的用餐区域，原因有以下几个：比起大一点儿的孩子，他们需要保教人员更多的照顾，而这在安静的氛围中会进展更好。

如果年龄较大的孩子和年龄较小的孩子一起吃饭，比如在儿童餐厅，不仅会让环境过于嘈杂，而且可能带来一些问题，比如大孩子吃饭时间太短了。

在不同年龄段的孩子们坐在一起吃饭的情况下，小孩子和大孩子饥饿的时间通常不一致。另一个支持独立的用餐区域的理由是，每个孩子的身高所需要的空间，座椅大小以及对餐桌高低的要求不同。

在这一点上，有一个可以节省许多钱的小建议：你既不要买婴儿椅也不要买高脚椅。幼儿家具公司推荐的“婴儿椅”并不适合幼儿。婴儿椅源于一个过时的观点，即幼儿的椅子需要靠背和侧扶手。这些扶手限制了孩子们的行动自由并且如果将椅子推到靠近桌子的地方时，孩子会被固定住。孩子们被迫保持被动的坐姿。他们被“挂”在椅子上。

当孩子们可以坐的时候，靠背就是多余的了。在他们能够坐着之前，他们不应该坐在桌子旁。

在他们学会坐之后，他们就能像数字“1”一样在椅子上笔直地坐着。如果允许孩子们自主发展，我们都能够观察到这一点。在他们会走之前，他们就能够挺直背坐在地上，伸长双腿或者将一条腿伸到身体旁，他们能够以这种稳定的姿势放松下来。

幼儿不需要椅子，而是需要凳子——并且是那种让他们的脚能够着地的高度的凳子。对刚学会坐的孩子来说，合适的高度是 18 厘米。2~3 岁的孩子可以坐在 22 厘米高的凳子上。符合人体工程学坐姿的实践原则是：凳子宁可低一些也不能太高。①

由于幼儿的躯干相比腿而言比较长，腿必须主动承担支撑工作，这样幼儿就能挺直背了。他们的大腿太短了，即使坐得很低，他们也无法同时靠在椅子上并双脚落地。② 幼儿需要用双脚稳定地支撑，来保持上身的平衡，并且让胳膊和手能够熟练地移动。人们常常能够发现，幼儿滑到对他们而言过高的幼儿园座椅的前部边缘，一条腿拖到身体下面，并且用另一条腿脚尖触碰地面或者稳定地用膝盖跪着。孩子们并不是简单的坐立不安，而是表现得非常聪明：他们在

① 如果不是混龄的托育机构，我推荐你所有凳子都购买低高度的。高度为 26 厘米的凳子对大多数学前孩子来说都足够了。此外，一个普通的幼儿园椅子是 30 厘米高。你需要检查一下，你孩子的双脚在多高的高度时能够舒适地着地。

② 因此座位必须尽可能窄，才能不翻过去。

适应并不适合他们的座椅。

作为专业顾问的我和汉堡的护理人员佩特拉·亨德里克斯一起提出了使用凳子的这个想法。近些年来，汉堡托育机构都在使用凳子。

反对高脚椅还有另外两个观点：一方面，高脚椅不像凳子那样多功能；另一方面它们很占空间。如果人们想移走它们，必须费很大力气，因为它们非常重。此外，大多数托育机构空间有限，椅子也不方便

叠放。人们只能把椅子架到桌子上，而且当需要空间时，也必须把它们移走。

然而，我发现最糟糕的是，孩子们无法自己爬上高脚椅再自己爬下来。如果成年人想要坐在适合成年人高度的椅子上，这就成了孩子们必须付出的代价。

购买高脚椅大多数情况下是因为孩子们在家里也坐在这样的椅子上。我认为这是不合理的，因为根据人数的多少，托育机构有 10 把高脚椅和一把保教人员坐的椅子。而在家庭里恰恰相反，只有一把高脚椅放在其他椅子旁，而且只是在一定的时间内被使用。

为了避免保教人员因为桌子太低而不得不持续弯着腰，我的同事马蒂亚斯·巴克提出了以下建议：人们可以建一个小平台，把桌子和椅子放上去，或者更好的办法是将它们固定到小平台上。这样一来家具就适合托育机构使用了，你也不用再弯着腰，因为桌子和长凳都在一个较高的平面上。

在关于成年人高脚椅和桌子有哪些替代品的问题上和我对于凳子的陈述上，我常常要和别人进行艰难的讨论。在这里我想说一些保教人员的座位问题。我发现这是个很明显的问题，而且出于健康原因，保教人员必须考虑这个问题，即在托育机构适合的桌子旁，他们应该坐在哪里。高度为 22 厘米或者 26 厘米的凳子当然不适合成年人。

由于托育机构桌子高度为 42 厘米，不会超过普通的成年人椅子，因此解决办法并不是简单地在桌子旁放任何一把椅子。你要么得一直弯腰，要么得一直用膝盖顶着桌子。

在汉堡空间设计理念的发展过程中和与护理师[①]的合作中，我们进行了大量的尝试并且确定，尽管我们还没有普遍的理想解决方案，但仍想出了令人

① Vereinigung Hamburger Kindertagesstätten：»Der clevere Sitz heißt Bewegung«. Informationen zu Sitzmöbeln in Kindertagesstätten. Stadtkinder extra，Februay 1997.

满意的个别方案。一方面，座椅大小要适合成年人，即 40 厘米 × 40 厘米，座位高度可以折中在保教人员的身高和桌子高度之间。矮一些的保教人员可以坐在 30 厘米高的凳子上，高一些的保教人员需要高度为 42 厘米的凳子，带滚轴的可调节高度的凳子是合适的，这样人们可以调节高度。

另一个建议来自与我共事的护理师：你坐到低矮桌子的一角，这样你的脚就可以放到桌子的左右两边。以这种方式，你的腿便能够自由活动并且膝盖不会撞到桌子边了。你要坐得尽可能靠近桌子，坐姿稳定，以便照顾你左右两边的孩子们。

如果两组孩子靠得很近，保教人员相互配合很紧

密，可以形成一个区域，那么为托育机构儿童布置一个吃饭区域，也就是为两个组布置一个空间当然是合理的。可以在托育机构里布置一个餐厅，这样做有一个好处：餐厅的桌椅可以供不同幼儿使用，但是，如果孩子太多，必须规定不同的用餐时间，以满足孩子们的个体需求。

如果在托育机构活动室的一个角落用餐，并且只有这一个区域，就应该配备一张折叠桌。在活动室的辅助室或者在与另一个组共享一个用餐区时，就不再需要折叠桌了。

对于 1 岁以下婴儿的护理，我建议你购买一个舒适的成年人座椅。无论你是用奶瓶给婴儿喂奶还是喂粥：如果你有一个沙发椅或者长沙发，都能够以一个放松的姿势去完成这一过程。一个能让你舒服且放松地坐着的座位，不仅是完成容易让人身心疲惫的喂食工作所必备的，而且在其他场合也很必要，如当你看书时。此外，经验表明，儿童也喜欢成年人的家具。

高质量保教特征

家具的配备

- 为刚学会坐的儿童准备的凳子：18 厘米高；
- 凳子：22 厘米高；
- 桌子：42 厘米高，或者用……折叠桌：42 厘米高，出于安全考虑最多 1.4 米长；
- 橱柜；
- 餐具柜；
- 餐车；
- 不要儿童厨房！

如果有足够的空间，可以有一个成年人专用厨房。此外，还有舒适的成年人座椅家具，比如沙发凳、长沙发或者一把摇椅，让保教人员能够坐着给婴儿喂食，并为保教人员提供一把可调节高度的椅子。

炊具和餐具

幼儿吃饭时，需要不容易滑动的盘子和稳定的杯子。因此，轻质塑料餐具并不合适，因为它会使孩子很难熟练地操作。

需要使用陶瓷制的带有把手的餐盘和杯子，因为瓷盘子在光滑的桌子表面也会滑动，所以有必要使用可清洗的桌套或者桌布。另外，可水洗桌布不但比光秃秃的桌子外表美观，人们还可以用它来掩盖多功能桌子的使用痕迹。

孩子们使用餐具通常不够熟练，因为餐具的把手太薄了。有了加厚把手的餐具，孩子们可以更好地握紧。

围裙

买的围裙通常都太小了。因此，你应该使用尿布、洗碗布或者毛巾，而且用夹子链、按扣或者魔术贴来固定住围裙。

围裙长度应该到膝盖，这样孩子们的衣服才能真正得到保护。注意决不能把围裙压到盘子下面。这样会以不恰当的方式限制孩子的动作。

自助饮料

既然孩子们按需喝水十分重要，所以机构内应该布置自助饮料。例如，在一个和孩子同样高的托盘里放上玻璃杯或者茶杯。

无论如何都不要给孩子提供甜茶，而是应该提供白水、淡的天然果汁或不加糖的茶。

保教人员应该保证幼儿在机构期间都可以按需饮水。

点心

点心也可以以自助的形式供应，但也应该放置在餐桌上或者放在铺在地上的圆布上。准备一张圆形的可清洗的布，使所有孩子都能够坐在上面。这是一个聚在一起吃点心的好地方。

灯光

用餐区应该布置在窗户旁边，这样才能尽可能多获取自然光。每张桌子都需要照明。折叠桌应该配备可调节高度的灯，当其他地方需要使用灯时，人们可以把灯拉到天花板下。理想的方案是将吊灯和壁灯组合使用。

声音

由于托育机构里即使在吃饭时也不是特别吵闹，因此房间里不需要安装隔音板。如果有一些房间总会有一些令人不舒服的回音出现，在这种情况下，不仅对于用餐时的安静氛围，而且对于其他所有活动来说，改善声效都是十分必要的，最有效的办法就是安装隔音板。

颜色

在教室的用餐区里，不需要通过给墙壁涂上不同的颜色来区分相邻的区域。取而代之的是通过灯具、成套的小桌布或者桌布和餐具来强调颜色，这些颜色越协调，单个物品的颜色就越能更好地搭配。

在选择教室的墙体颜色时，要考虑大家是否会在这个房间用餐。对于单独的房间，我建议使用明亮、温暖的颜色。

睡眠与美梦

美国儿童医生以及芝加哥睡眠障碍研究中心前负责人马克·维斯布鲁斯（Marc Weissbluth）表示："没有人能够准确知道怎样才是良好的睡眠，因此人们一有空就会休息。事实上，人们一直在黑暗中摸索着怎样才是一个正确的睡眠过程。"[①] 然而，由于睡眠，更确切地说持续睡眠是许多幼儿父母所面对的课题，在这方面他们有很多问题，许多建议性书籍都涉及这一主题。从迄今为止对婴儿睡眠现象的科学研究看来，市面上普遍存在的一些建议之间相互矛盾，最终导致了建议的不确定性。

睡觉就如同吃饭一样，是人们生理上的需求。因此新生儿天生就会睡觉。但他们无法分辨白天和黑夜，而是饿了就会醒过来找吃的，吃饱了就睡。

马克·维斯布鲁斯认为，婴儿的睡眠习惯直到他们三四个月大时才主要反映出大脑的发育程度。"最初几周的睡眠时间符合他们自身的睡眠需求，因为在这一阶段中，婴儿的行为以及睡眠时间完全由生物因素控制。但在3~4个月后（……）家长们的照料会影响孩子们的行为及睡眠习惯。"[②] 美国的儿童医生因此建议家长们要在前三个月里主动配合婴儿的睡眠习惯，而不是强迫他们在固定的时间点入睡。

心理学家安妮特·卡斯特－察恩（Annette Kast-Zahn）和儿童医生哈特穆特·摩根罗斯（Hartmut Morgenroth）表示，婴儿形成自己的一套生物钟系统，会花费4~6个月的时间。"婴儿自己的生物钟，会使他们在夜晚时体温下降，并且使整个身体机能调节到睡眠状态。然而，这个内置的生物钟并不是按照一天24小时来计算的。不将一些外界的影响因素诸如规律的三餐、起床和入睡时间计算在内，我们的生物钟是按照每天25小时计算的。"[③] 卡斯特·察恩和摩根罗斯因此得出结论，即使是非常小的婴儿也需要这些规律，并且建议家长们在婴儿出生第三天后，为

---

① Weissbluth，M.：Gesunder Schlaf – glückliches Kind. Beltz Verlag 1997，S. 10.

② Weissbluth，S. 22.

③ Kast-Zahn，A./Morgenroth，H.：Jedes Kind kann schlafen lernen. Verlag Oberstebrink 2004，S. 43.

他们确定一个固定的最后一餐时间。“这个时间最好布置在 22 点到 24 点，在你自己睡觉之前。每天在这个时间点叫醒你的孩子喂奶，不用考虑这之前孩子们睡了多久，或者与他们上一餐间隔多久。”①

马克·维斯布鲁斯却持相反建议：“一定要让婴儿们保持安静无打扰的睡眠，不要叫醒他们！叫醒正在睡眠的婴儿对他们的健康有害。”②

这位美国的心理学家和德国的医生也达成了某些观点上的共识：婴儿在半夜醒来是很正常的现象，因为睡眠不是一种不变的状态，而是在深度睡眠与梦境中不停转换的。问题并不在于婴儿们在半夜醒来，而是婴儿醒来后不能继续入睡。

凯瑟琳娜·齐默并没有试图简化“睡眠”这项复杂的课题。她指出，每个婴儿就像成年人一样，有着各自不同的气质，他们在使自己适应环境方面存在着各种问题。“在母亲子宫外的生活要求他们在最初的几个月里要进行特殊的调整：吸收营养、入睡和醒来循环、与重力的对抗，以及与母亲突然分开，不再是一体，而是感受到母亲时远时近。”③

睡眠不仅是一种生物层面的现象，从一开始就深受社会文化的影响。一些特定的文化习俗以及变换的社会风气会在社会比较过程中给父母带来很大压力。父母通常也会为他们的孩子拟定一个不符合现实的蓝图。因此，对父母来说，协调自己与孩子的生物周期就成了一项非常具有挑战的任务。

在遇到困难时，凯瑟琳娜·齐默建议家长们在互动中观察自己和孩子。“二者之间的‘节奏’是否协调一致？父母的行为是在帮助孩子还是在阻碍孩子探索这个世界？也许父母只是想激励孩子，但是否会使孩子变得更紧张和不安？父母能够很好地安抚孩子吗？当一种办法行不通时，父母是否努力尝试过其他的办法？什么样的情绪会引起宝宝的不安呢？父母是否尝试过激发孩子所有的感官？简言之，父母是支持还是干扰了孩子自己的努力，是否将某种秩序注入了孩子自己的生活节奏和行为方式，促进还是阻碍了孩子与生俱来的自我调节愿望——一种孩子感到舒适的睡眠和清醒间的平衡，在愉快的激励与关注和放松的休息之间，父母是否制造了一种睡眠与苏醒的平衡，让孩子感到舒适？”④

与其他咨询师相比，凯瑟琳娜·齐默在新研究

---

① Kast-Zahn/Morgenroth，S. 45.

② Weissbluth，M. 1997，S. 38.

③ Zimmer，K.：Das wichtigste Jahr. Kösel Verlag 1993，S. 76.

④ Zimmer，S. 77.

成果的帮助下尤其强调了孩子“自我调节”的能力以及父母直觉的理解力和同理心。另一方面，作者还指出家长和孩子们之间的这种协调过程是很容易受到干扰的。

婴儿的睡眠问题与他们毫无根据的大哭是有关联的。凯瑟琳娜·齐默表示，婴儿们号啕大哭的原因是这样会引起父母的关注，这也是科学家们研究的课题。“答案看似很简单：因为一方面，婴儿们不会说话，但另一方面，他们又有着许多生理需求，第三点是因为他们的这些需求的满足几乎完全依赖父母。

然而，哭喊不仅表示他们想要填饱肚子，而且表示着他们需要一种支持的，悉心的关怀行为。哭喊是一种广泛的交流方式，婴儿们通过哭喊可以建立起与母亲（保教人员）之间的一种联系。”[①]

然而，当父母已经给孩子喂过奶、换好尿布后，孩子们“只”因想要陪伴而哭喊时，父母会觉得这是一种负担。

在这一点上，托育机构能够明确地帮助家长们。因为许多父母在面对孩子时遇到的问题，特别是睡觉、吃饭和身体清洁的问题，在托育机构中并不会出现。托育机构针对孩子展开工作，能够有效地减轻父母的压力。

保教人员的角色

除了给婴儿们换尿布之外，怎样让他们上床睡觉也是你每天最直接要面对的情况。每个孩子不同的睡眠习惯会使个体差异愈加凸显。

当孩子们不想睡觉时，问题就出现了。睡觉通常是家长与孩子之间的一场“斗争”，因为母亲、父亲以及孩子之间不能够达成一致意见。因此，在家长会上讨论“睡眠”这一主题是有意义的，一方面可以为家长提供一些关于睡眠的客观信息；另一方面，父母间的经验交流能够起到缓解压力的作用。你可以在托育机构为年轻的父母提供一个论坛，让他们与其他的父母们交流育儿经验。

给孩子们留些时间

当你想要为孩子营造一个舒适的睡眠环境时，你的态度在这时就尤为重要了。如果你成功让自己冷静下来，也就能够给孩子所需的调整时间，让他们进入睡眠状态。这样婴儿们会自己形成一天的睡眠规律。

> 感觉不到外界压力的孩子能够更好地感知来自自己身体的感觉。这表示，他们困了就会睡觉，而不是与困倦做斗争。作为社会性生物，他们自然而然地会在托育机构中重复每天相同的睡眠活动。尽管每个人睡眠的节奏不同，婴儿还是需要适应托育机构的睡眠活动。因为最重要的是要保证机构中其他的孩子可以睡觉。

护理最基础的一点是，托育机构与每位孩子的家长之间要保持良好的信息交流。在适应期间，你要向父母询问孩子的睡眠习惯，并记录下来。这同时也使那些不熟悉怎样护理婴儿的保教人员获得基本的认识。

孩子们睡觉的地方最好尽可能让他们自己来选择。他们需要“安抚物”来帮助入睡。几乎每个孩子

① Zimmer，S. 79.

都有这样一个“物品”——一个毛绒玩具、一条手帕或者一个安抚奶嘴。

英国儿童医生和心理分析师唐纳德·W. 温尼科特（Donald W. Winnicott）创造了“安抚物”这一概念，用于形容那些在幼儿身上体现出的人际关系。在这些物品的帮助下，孩子们完成了“将内心与外界现实区分开并保持相互关系的任务”。[①]

这样的安抚物一般都是幼儿的第一个“所有品”。温尼科特的研究表明，在就寝时间里，对4～12个月大的婴儿来说，安抚物对他们抵御恐惧至关重要。这些物品充当了安慰品或者调停者，特别是当孩子感到面临失去心爱之物的威胁时。

对于孩子们的“安抚物”通常的做法是“逐渐地收回孩子们的这些物品，随着岁月的流逝，尽管孩子不会遗忘它，但会把它丢到废物间去。我认为，对于健康的儿童来说，这些安抚物不能够使他们面对内心，孩子们对这些物品产生的情感不一定能够驱逐内心的不安。孩子们不会忘记也不会哀悼安抚物，它们会随着时间的流逝失去情感意义。”[②]

实际上，一旦托育机构中的“睡眠时间”形成规则，大多数孩子就会自愿睡觉。重点在于孩子们要“自己上床睡觉”。保教人员要为孩子们提供一个安静的集体入睡的环境，而不是强迫孩子们上床睡觉。当然，不能够接受这一规则的孩子可以不睡觉。

关注个性化需求

就像不能强迫孩子们吃饭一样，最好也不要逼迫孩子们去睡觉。根据经验来看，对托育机构里的婴幼儿来说，睡觉不是必须进行的。他们可以按照自己的意愿睡觉，并且你越理解他们的需求，他们就越愿意睡觉。因此，如果孩子睡觉了，这是好习惯形成的标志。然后，托育机构要通过一些途径清楚地传递对孩子的信任，使他们愿意去睡觉。

如果你遵循孩子们的个性，例如，当其他孩子睡觉时，允许个别孩子在简陋的“小屋”中入睡，或者在其他孩子睡着时允许个别孩子一直醒着。在我观察看来，幼儿对于托育机构这样的环境的适应速度是惊人的，并且会在一定时间后形成相同的作息规律。

原则是认识到婴幼儿的基本适应意愿，如果一个孩子不想睡觉，你应该理解这可能只是一个暂时的现象。当孩子们感受到自己的睡眠需求，而不是通过外界的要求时，他们在接下来可能就会自觉去睡觉。

长期不愿意睡觉的婴幼儿通常会造成问题，因为

---

① Winnicott，D. W.：Vom Spiel zur Kreativität. Klett Verlag 1973，S. 11.

② Winnicott，S. 15.

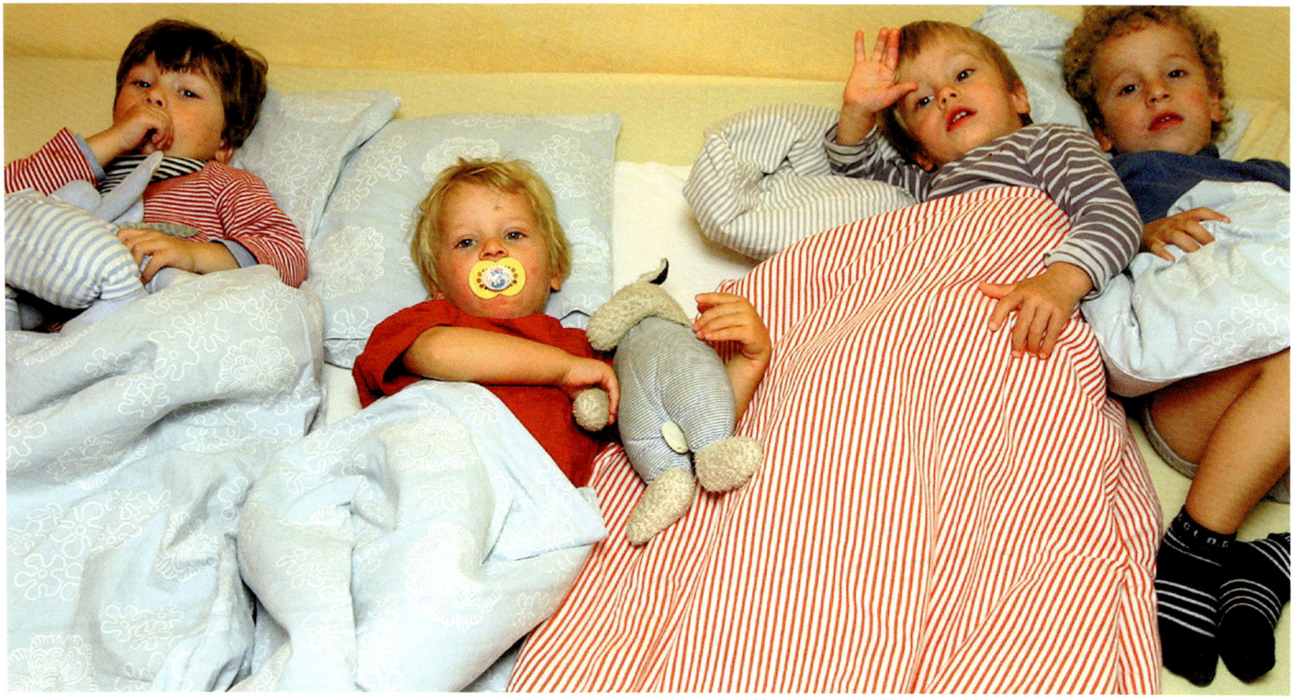

托育机构的出发点就是让大家一起睡觉的。保教人员可以在这个时间安排一些别的活动：歇息一下，写一些观察记录和报告，与团队分享交流。这些活动很重要——但没有理由出于上述目的让无法入睡的孩子一直躺在床上，并且只有当其他孩子醒来时，他（们）才能起床。

如果个别孩子中途醒来或者根本不睡，他们原则上应该保持安静。他们会意识到，其他的孩子还在睡觉。在这种情况下，他们会享受这种“单独照顾”，并且一直跟着大人们完成上述一些必须完成的事。你需要为在睡眠时间醒来的孩子们找一些他们能够长时间玩耍的物件，让孩子主动玩耍，如卫生间的洗手台，一个配有粗画笔和鲜艳的颜料的画板，一个自制的孩子们的照片集。提前准备好这些物品，你就不必一直看着孩子们了。

同伴

如果条件允许，孩子们经常选择一个共同的地点睡觉，因为这样给孩子们提供了机会，他们可以通过相互之间抚摸、依偎来表达对彼此的喜爱。但首先要保证托育机构中的小伙伴们最好不会过于调皮，不要不喜欢睡觉。在家中，大多数孩子不愿意独自睡觉。如果父母坚持让孩子自己睡觉，觉得这样做有充分的理由，那就会产生矛盾了。

在托育机构中，孩子们并不是独自睡觉的，相反，他们必须和同伴们一起睡觉。基于我在汉堡托育机构的经历，我强烈建议让孩子们有机会在屋子里面一起睡，还可以让他们一起躺在床垫上。这样他们之间的身体接触会给彼此带来安慰，这是他们独自睡觉时不曾有过的体验。

除了这种“大通铺”，托育机构也要为孩子们提供其他的选择，即单独的睡眠空间。理想情况是，当这个睡眠空间位于一个小屋子里时，孩子们会感觉自己在一间“房中屋”里得到了保护。你可以用硬纸板制作出一个类似的这种“小屋”，或者直接将壁橱的柜门拆除掉。你可以将配有栏杆的儿童床放置在旁边。在“小屋”中放置一个床垫并且铺好被褥，并且在开口前面安装一个帘子，这样就营造出了一个孩子们喜欢居住的“巢穴”。

一个持久的解决方案就是建造一个“睡眠—玩耍一体式区域”，在这里既有供孩子们共同睡觉的区域，也有单人睡觉的空间。部分醒来的和没有睡觉的孩子可以在单人睡眠区玩耍。在这个单人区域尽管他们在独自睡觉，但在不远处就是群体的睡眠空间。与此同时，这种方式也能够与在家中的独自睡眠区分开。在家中，当其他的家庭成员还醒着时，孩子必须去睡觉，而且通常是睡在一个单独的房间里。

从“大通铺”到睡眠—玩耍一体式区域

孩子们应该也要参与进睡眠空间的布置当中。当孩子们亲身参与过后，他们就能够体会到他们的睡眠区域是怎样准备出来的。如果所有的睡觉空间看上去都一样，孩子们的参与可能只是起到一点辅助的作用。但是，如果允许有不一样的睡眠空间，孩子们则可以根据自己的喜好和心情来布置睡眠空间。

从根本上讲，存在两种可能性：单独睡眠空间和集体睡眠空间。空间的缺乏经常导致了托育机构只布置集体睡眠区——至少在提出这个“集体”的概念时，就表示着在这里不存在卫生方面的隐患。孩子们在一天的玩耍中有着大量的机会接触到其他孩子的体液，如唾液。因此在睡觉时想要避免这种接触是没用的，为每个孩子配备自己的枕头和被褥就足够了。

这些年来，我们在汉堡的托育机构中进行了许多次尝试。一个特别节省空间的方式就是给孩子们的睡眠区域铺上羊皮。羊皮的优点是很轻，孩子们可以自己拿来铺上并且躺在上面。另外，羊皮相较于床垫，对孩子们的脊背更能起到保护作用。在许多托育机构中，床不是固定的，而是每天都必须拆卸的。

从幼儿家具公司专门购置的床，不仅很重不易搬运，而且价格昂贵。但如果你只使用普通的床垫，既可以将床垫单独使用，也可以组合铺设，这样就能节省下这项支出了。

然而，床垫经常不能单独平放，并且要将它放在床垫柜边或者一个类似的地方固定住。床垫柜原则上是不能舍弃的。你可以直接购买或者找木匠专门定做：用薄的木板或者只做一个不超过两层的带轮子的床垫柜。制作这种床垫柜有两个优点：这些床垫柜可以减少你的工作量，并且相较于其他的床架，它不会占用太多空间。

木匠马蒂亚斯·巴克发明出一种不仅仅可以用来睡觉的家具：把床垫移开后的空间不是一片空白区域和无用区域，而是一个“副产品”。巴克曾多次将这

些睡眠区域改造成一个睡眠—玩耍为一体的区域，这样孩子们在睡醒后也可以利用不同层面的空间：布置好楼梯供孩子们爬上爬下，并用隔板营造出不同的空间，就如同燕子们在屋顶处筑巢一样，顶层可以作为休息的地方。为了充分利用这个一体式空间，孩子们必须动用他们全部的身体感官，作为回报，他们将能够看到托育机构教室里发生的事情。他们可以观察一切，而自己却不被人发现。

当只有一间房间时，这种睡眠—玩耍一体式空间设计是最合适不过的了，这种布置可以使房间的划分变得更复杂且更有效率。即使在通常情况下，孩子们有一个单独的睡觉区域，也可以布置这种一体式空间，让孩子们在醒来时也有地方可以玩耍。

此外，睡眠—玩耍一体式空间模型让托育机构可以选择其想要使用的房间。在装饰集体房间时，也可以将配套的套件设计成画室或者餐厅。

在托育机构中设计出单独的餐厅有一个好处，那就是让保教人员可以照顾那些已经吃完饭并且准备睡觉的孩子，而同事和其他孩子能够继续安静地用餐。

这样这两个区域互不打扰。

与此相对，一个单独的工作室也可以给保教人员和那些年龄稍大一些，不愿意睡觉的孩子们使用。

针对年龄小的儿童的睡眠环境，应该特别谨慎地进行设计。他们在更小的时候睡在摇篮或者婴儿车中，如今在大多数家庭中都配备了有栏杆的儿童床，一方面用来保护孩子们，避免他们在睡觉时翻下床，另一方面也使家长们免受孩子的干扰。尽管这种床对幼儿来说是普遍使用的，但我还是建议寻找一些替代产品。

尽管这听起来很奇怪：狗窝是一个很好的选择。在里面铺上床垫或者羊皮。这个组合在汉堡的托育机构中使用了 15 年。它可以给孩子们提供一个“房中屋”，直到孩子 1 岁，并且也可以在平时孩子们醒着时，供孩子们在其中游戏玩耍。

由于一些婴儿睡觉时间完全不同，你不能把他们“放”在单独的一个房间里。出于这个原因，汉堡的托育机构为这些婴儿打造了一种特殊形式的“摇篮”。它是一种挂着的吊篮，被悬挂在天花板或者阳台上。看护者们可以在孩子们睡觉时摇晃摇篮，并且时刻注意

到婴儿的情况。大一点儿的孩子也可以成为帮手，哄婴儿们睡觉。

这样的吊篮在大的年龄混合组里会不会造成问题，我不得而知。但我推测，比起 3 岁以下的儿童，这些吊篮在年龄大点的儿童中吸引了更多的注意。另外年龄在 3～6 岁的孩子们会制造出很大的噪声，关于这一点必须要找到解决办法。

高质量保教特征

睡眠区域

- 床垫；
- 羊皮；
- 狗窝；
- 深壁橱里的床铺；
- 墙角放置的带有栏杆的儿童床；
- 睡眠—玩耍一体式空间；

提供给婴儿：

- 有稳固底面的麻织篮子作为婴儿摇篮。

注意：吊床并不适合睡觉！

灯光

在任何情况下房间内的灯光都不应该过于明亮。尽管如此，孩子们睡觉时的灯光亮度要与清醒时的亮度区分开。人造光源的使用取决于睡眠区域的使用情况。如果只是在睡觉时用，那么一个“氛围灯”就足够了，如灯带。如果区域具备多种功能用途，照明必须与功能相对应。在孩子们的睡眠区域，你和孩子也会在那里看画报，那么相较于睡眠—玩耍一体式空间来说，一盏额外的灯在这里尤为重要，因为在这个一体式空间中，人造光源并不主要作为氛围灯使用，而是在孩子们进行各项活动时起到照明作用。

颜色

和谐的颜色搭配可以使人放松身心，但需要避免各种图案的混合装饰。除非孩子们用的是家里拿来的他们自己的床上用品。

请尽量选择一些暖色作为墙壁装饰。如果房间有一个主色调，你不能忽视它，而是要选择各种其他与主色调相搭配的材料来装饰房间。通常地板的颜色是面积最大的。如果可以换新，地毯和软木地板都可以考虑。

声音

对于提供给孩子们睡觉的房间，房内的布置应该让房间保持低分贝的状态。当婴儿们在睡眠中时，噪声会打扰他们。高分贝的音量也会影响睡眠质量。

在房间中铺上地毯有一个好处，它会在孩子们的床垫和地面之间起到隔离作用，这样也同时会减少一些噪声，营造一个安静的氛围。但地毯的优点通常也会被一些缺点抵消，它们时常会被托育机构孩子们的排泄物“毁掉”。

你应该在卧室或睡眠区域配置尽可能多的纺织品，因为这些纺织品也可以吸收声音。其中包括布料较厚的窗帘。尽管轻薄的窗帘具有很强的装饰性作用，但它并不具有足够强的隔音和隔光效果。因此，当你在选择材料时需要对这两点格外注意。

对于睡觉时是否要播放一些音乐，我不能给你一个明确的答案。毫无疑问，音乐可以让人放松，一段简短的音乐或者八音盒的声音可以作为入睡或者起床的讯号，让孩子们逐渐形成习惯。但当人们注意孩子们上床睡觉时的表现就会发现：孩子们对于睡觉的兴趣才是第一位的，有时候音乐反而会产生干扰。

当你选择播放音乐时，我建议你不要只局限于选择那些“可以令人放松”的音乐，而是最好把各个时期、各个流派的音乐都尝试一下。

房间温度

在孩子们睡觉时，房间内的温度最好不要高于18度。因此在房间内摆一个温度计也是很有必要的，这样就可以在房间内温度高于18度时及时做出调整。保持孩子们健康的睡眠同样少不了房内足够的空气流通。

换衣服

在睡觉时，保证孩子们身体的舒适十分重要，因此你要适时地为他们穿脱衣物。孩子们不应该穿着连裤袜或者长筒袜上床睡觉，因为睡觉时双脚也要保持和身体同样的温度。在冬天，孩子们可以穿着睡衣睡觉，而在其他季节时，如果室内温度不是很低的话，孩子们只穿着内裤睡觉就足够了。

床上用品

孩子们需要一套床褥和一个低一些的枕头。盛夏时节，一条薄毯或者毛巾被就够了。无论如何，你一定要注意，在夏天时不要把孩子们包裹得太暖和，在冬天时不要让孩子们着凉就够了。

为每个孩子准备一套床上用品，平日里可以放在一个专门的地方存放，并且标上孩子的名字，贴上照片，以防混淆。这样做的好处是，孩子和保教人员都可以区分出床品的所有者。如果孩子们不方便随身携带他们个人的毛绒玩具、手帕和安慰奶嘴，就可以将这些物品和他们个人的被褥放在一起。

安抚物

毛绒玩具、手帕和其他的安抚物以及安慰奶嘴需要放在随时都可以拿取到的地方，因为你或者孩子可能会在任何时候需要它们。在经过多年大众针对安慰奶嘴是否会对宝宝牙齿造成伤害的争论后，人们认为，小奶瓶不应该提供给孩子们作为助眠工具。

独处机会

除了睡觉时间外，托育机构也要为孩子们提供休息、独处以及静心观察的机会，以上列出的所有睡觉场所都适合孩子休息、独处和静心观察。

睡眠信息

为了公平地照顾到每一个孩子，即使你作为他们信赖的看护者并不在场，记录下每个孩子的睡眠情况也十分有必要。这些信息可以写在托育机构的看护日记中，单独分出一类睡眠栏，或者记录在索引卡片上，将它们固定在公示栏上，在孩子的姓名和照片下以关键词的形式分类展出，记录下孩子睡觉的位置、睡觉时相邻的孩子以及各自的睡眠习惯。

为成年人提供的空间

图画书一定是每个托育机构中不可或缺的物品，你可以和孩子们一起看、朗读或者复述。然而，我注意到机构托育存在一个普遍问题，即保教人员与幼儿并不是一对一的。因此，你可以就看书这一活动与家长达成分工形式上的一致。当然，这需要你们事先沟通并且家长可以理解你的意图。

托育机构里的图画书和其他书籍可以让一个、两个最多三个孩子近距离接触并且能够激发孩子们的想象力，尤其是可以刺激孩子的语言发展。

从空间设计的角度看，会出现你和几个孩子一起坐下来的情况。在这种情况下，我认为你拥有一个适合成年人的座位是很重要的。例如，一个普通沙发而不是儿童沙发，也不是临时布置的床垫铺位，因为成年人能够舒服地坐在上面，孩子们坐在这样的沙发上也会感到舒服。

在图画书或者其他类型的书籍准备方面需要遵循的原则就是：少即是多。另外，我观察到，3 岁以下的孩子对自制的画册反应非常积极。孩子们最感兴趣的是看到自己的照片和托育机构其他孩子的照片以及家庭照片。如果你根据托育机构的情况，从画报上剪下内容丰富的日常物品的真实图片，使孩子们就此展开联想会更加有趣。

汉堡的保教人员乌拉·高尔摩－柯乐波用自制艺术图片给孩子们带来了特别好的体验，她把图片塑封起来，放在一个稳固的箱子里提供给孩子们。孩子们可以随时拿到。孩子们对于这本艺术册产生了极大的兴趣，时不时地拿出来看。当然最重要的是，因为做了塑封，孩子们可以在没有成年人监督的情况下自己翻阅而不必担心图片被弄坏。

除了这样一个装有塑封图片的大盒子让孩子们的想象力不受限制外，也可以放一个小卡片盒，里面装有艺术卡片或者其他明信片。唯一的条件是：卡片必须用纸板加固，或者更好的是盖上薄膜并贴起来，这样孩子们能够自主使用。我的建议是：你最好选择那些没有成年人监督，孩子们也可以独自使用的材料。因为，一切在没有你的引导下他们能够做的事情，让他们有选择的自由，这会增强他们的自信。此外，作为保教人员，你的行动可能性也在增加。你可以主动

利用情境，如加入孩子们，和他们一起看画册，从而吸引更多的孩子到你的身边。或者你可以同时操心些其他事物，利用机会去观察和了解孩子们对图画和书籍的形式与内容有着什么样的反应。

当然，你总有机会给孩子提出建议。你可能有针对性地和孩子们探讨，挑选时间、地点和书籍。这也可以涉及一些孩子们不能随时接触到的书籍。

此外，我认为，某些画册当然只适合孩子和成年人一起看。这并不意味着孩子们自己只允许看剩下的那些。

对于各类适用于托育机构孩子们的内容，包括小故事、短诗、手指游戏或歌曲，你可以在饭前或睡前给孩子换尿布时给他们展示，使他们养成习惯。这样的仪式有三个影响：平静地重复每日的经历，给孩子带来安全感；让孩子熟悉一些旋律、词汇和句子；逐渐养成习惯。

在幼儿园以及大多数托育机构里，播放音乐是一项传统。除了歌曲、手指游戏和圆圈时间外，托育机构还会为小孩子们提供节奏乐器。我觉得这样很好。问题在于这些项目应该以怎样的形式开展呢?

你肯定也有过这样的经历，婴幼儿会用所有精力来听听身边的事物是否能发出声音，他们时刻会被周边的声音吸引。这非常好，因为他们用这样的方式向成年人展示，他们不是只在成年人激励下才会去发现声音。

在托育机构里，谨慎地处理声音氛围不仅有助于孩子们之间的轻松互动，也有助于孩子与成年人间的互动。也就是说：在托育机构的日常中，要为制造声音设限。因此，我主张所有能发出响亮声音的东西都不能随便提供给孩子们。

这既适用于大多数节奏乐器，也适用于日常物品，如带盖的锅。我禁止婴幼儿出于好奇去尝试，如反复用盖子敲击锅，我不会在日常生活中给他们这样的机会，而是给他们提供一个特定的机会去探索这样的声音。

保教人员的工作场所

越是针对婴幼儿空间设计的需求，就越需要思考，在哪里并且如何布置适合成年人的位置。这不是一种奢侈，而是真的很有必要在托育机构的每个房间都布置一个舒服的、适合成年人坐的地方——一个沙发椅或者一个沙发。即使在非常小的房间，也至少要有一个能够轻松移动的懒人沙发。这样的座位还有一个好处，就是孩子们也能使用。

我前面提到过，要想找到一个让你能够坐在低矮的托育机构桌子旁的椅子并不容易。汉堡托育机构的经历证明，最好也不要使用长凳或者球形凳。

我要再一次强调：绝对不要坐在托育机构的板

凳上！在托育机构的装备或家具的补充上，你要坚持购买适合成年人的座椅。这不一定要是椅子。例如，凳子就灵活得多，可调节高度且带滚轮的凳子效果很好。

相比普通桌子而言，我推荐你使用站立式斜面桌作为工作场所，它可以放在门旁边节省空间并且可以紧挨着安装在墙上的电话。它也可以作为接待台使用。

站立桌应该有一个倾斜的写字桌面，你可以打开桌面，里面存放资料或者手提包——前提是桌子可以上锁。下部可以有抽屉，最好带有门，这样你就可以在那里存放文件夹和其他不适合孩子使用的材料了。

高质量保教特征

为保教人员提供的座位

- 一个适合成年人的长沙发；
- 一个合适的沙发椅；
- 一个懒人沙发。

保教人员的工作场所

- 一个站立式斜面桌；
- 一个可调节高度的灵活的座位，如带滚轮的凳子。

给孩子准备的材料

- 画册；
- 自制的书籍；
- 文件夹或带照片的文件册；
- 带有塑封的图册；
- 节奏乐器、旋律乐器。

房间与区域之间的通道

婴幼儿在“房中屋”里会感到很舒适，在那里他们能够通过视觉和听觉接触周围环境。小学生（6岁以上的孩子）对这种接触的依赖已经逐渐减少。而托育机构中的孩子对这种成年人看不见、听不到的地方却感到很舒服。

房间的过道

成年人和儿童会以完全不同的角度来感知他们踏入的房间，因为他们的身高不同。只有当我们蹲坐在地上时，才能理解幼儿的感受。在按传统方式布置的房间里，从幼儿的角度来看，只有桌腿、椅子、柜子的下部、地板、墙的下部，以及放在地上的玩具。这样的房间对孩子来说会比对我们成年人而言更混乱，因为我们是从鸟瞰的角度来观察家具和材料的。

如果你按照本书中给的建议，也就是根据孩子的感官来改造房间，可能会让孩子们没那么容易找到某个房间，还可能使你也无法一眼掌握所有房间的情况。但是可以设计一种“房中屋”，在传统的房间里，布置一些水平或者垂直的隔断，将房间分隔成不同区域。无论你提前准备了纸箱、自制平台、爬台还是硬纸卡或木头制成的墙，高度差异和视觉障碍都能让空间显得很神秘并且能够鼓励孩子们去探索。在这样的“房中屋”里，孩子可以随时撤回，静静地观察并且为新的活动蓄力。

房中屋需要有出入口，实现内外过渡。适宜的出入口要满足双重功能，既要安全又要激发孩子对未知领域的探索兴趣。

例如，包装纸箱就能轻易地做到这一点。你可以用修整刀在上面切出一个开口，并与自制的平台等部件一起组装在有门镜或真实的玻璃窗的墙面上，在另一侧安装护栏。这些固定间隔的细杆对孩子起着保护作用，让人总是联想到笼子。

如果你在爬台的木墙上钻孔，要注意将不同形状的小洞开得好看一点儿。这些开口分布在不同的高度，孩子们可以躺着、跪着、坐着或者站着向外看。或者你可以使栏杆不规则地排列，用不同的杆子，粗

的或细的，平滑的或雕琢过的，提供多种触摸质感，呈现一幅有趣的图像和不同的视图。

如果你把布料拉到栏杆上，就能获得更好的隔音效果。我推荐使用帆布，在离框架一定距离的地方装上帆布，这样孩子们从布料的各侧都能看到外面。他们可以看到一些东西，能够满足他们的好奇心并保持与看护人的视觉接触。孩子们试图爬上栏杆或者靠在栏杆上抓东西的危险也就不存在了。

由耐热有机玻璃制成的透明隔板[①]也非常值得推荐，你可以通过在玻璃上贴彩箔来起到隔离两边房

① 其他种类的玻璃也可以这样处理。但这是一种花费比较多的处理方式，因为要使用破碎后没有尖锐棱角的安全玻璃。

间的作用。我在瑞吉欧看到过一种带有彩色树脂玻璃元素的“帐篷”，我觉得这是托育机构空间通道设计的一个很好的例子。

横向的架子形成边界，同时通过玻璃的透明度让空间中的单个房间顺畅过渡。这在工作室的角落特别有用。但是，你必须注意架子要足够稳固。在大多数情况下，架子至少要和一面墙相连接固定。如果这无法实现，你应该将架子与地板或者天花板连接起来，以便固定。

房间的走廊

如果有多个房间供孩子们使用，那么从一个房间到另一个房间的通道要透明，这是很重要的。首先，在门上要有一个玻璃窗口。在汉堡，一个日托中心负

责人将托育机构门的下半部分截掉，并且装上了玻璃，这样做是因为他不知道门后是否有爬行的孩子，对此他感到不安。

另外，门上这样的玻璃窗口让所有孩子都能够随时向外和向里看。它有着双重作用：成年人可以在不打开门的情况下，通过玻璃了解房间里发生的事情；孩子们利用多种方式透过门下的玻璃观察，确认他们能够将探测的半径扩展到哪里。

汉堡当地的托育机构对这一设计进行了效仿。它带来的好处令人震惊，我只能极力建议，优先把钱花在有玻璃窗口的门上，至少把它规划到改建或者新建的托育机构中。

托育机构的室内窗户也是有用的，特别是卫生间和过道走廊上的窗户。照顾幼儿时经常会用到卫生间，当卫生间和教室或睡觉的房间相连时，窗户可以帮助你观察室内孩子们玩耍的情况。这样，你可以在睡前或起床后更轻松地给孩子换尿布，并且其他孩子也可以在不靠近尿布台的情况下，看到你换尿布。

除此之外，在墙上打一个洞也是连接两间房间的一个好的选择。我在瑞典看到过，这个洞可以打得很深，孩子们可以像穿过一个猫洞一样从一个房间到达另一个房间。在汉堡的一个托育机构里，人们在墙中间开了这样一个洞，并在两旁安装了带有坡道的平台和栏杆。托恩斯基特托育机构团队也没有被厚厚的旧墙所阻碍，在主房间和辅助室之间墙的上方高处打了这样一个洞。两边都有游戏平台，由一个小通道联通，孩子们可以穿过这个通道。但这个洞也因此比较小，这样在两个房间玩耍的孩子就互不干扰了。

利用过道将房间联通的想法是专门针对婴幼儿托育机构提出的。而对于年龄较大的儿童，由于群体噪声级别增加，你必须考虑，哪些房间通向过道不会产生额外的噪声。

区域之间的通道

在本书的开头，我列举了一些反对大班额混龄班的原因。对于年龄处在不同阶段的学龄前儿童，应当去除托育机构中的各种过道。你如果想避免大班额混龄班的弊端，就必须设计好从一个区域到另一个区域的通道。

托育机构中的通道能发挥很多作用，如支持孩子们的跨区域合作。根据不同年龄组的特点，机构应尽可能灵活地布置通道，以及扩大婴幼儿的探索半径，等等。如果托育机构保教人员的房间与 3 岁以上幼儿的活动区域紧邻，通道将自动产生。如果通道很长，

幼儿活动会受到影响甚至会受到阻碍。建筑很大地影响了孩子们的探索欲望。因此，在瑞吉欧，人们设计托育机构时会尽量将各个房间建在中心区域周围。这样就能最大限度地缩短各个房间之间的距离。

一位女设计师为汉堡当地的日托中心工作时提出了一个特别有趣但仍未落实的想法，即在两层或者更多层楼之间设计一个夹层或者至少一个房间的空间，这个空间对大一些的上托育机构的孩子和小一些的上幼儿园的孩子具有同样的吸引力。

推荐书目

引用文献已在脚注给出，以下特别推荐：

[1] von der Beek，A.：Pampers，Pinsel und Pigmente. verlag das netz 2007.

[2] von der Beek，A./Buck，M./Rufenach，A.：Kinderräume bilden. Cornelsen Scriptor 2006.

[3] Gopnik，A./Kuhl，P./Meltzoff，A.：Forschergeist in Windeln. Piper Taschenbuch 2007.

[4] Grimm，G./Bodenburg，I.：So werden Kinder sauber. Rowohlt Taschenbuch 2000.

[5] Pikler，E. u. a.：Lasst mir Zeit. Plaum Verlag 2003.

[6] Schäfer，G. E./Alemzadeh，M.：Wahrnehmendes Beobachten，verlag das netz 2012.

[7] Schäfer，G. E.（Hrsg.）：Bildung beginnt mit der Geburt. Cornelsen Scriptor 2012.

[8] Stern，D.：Tagebuch eines Babies. Was ein Kind sieht，spürt，fühlt und denkt. Piper Taschenbuch 2011.

[9] Türkisch-deutsche Elternbriefe. Hrsg. vom Arbeitskreis Neue Erziehung e.V.，Hasenheide 54，10967 Berlin，eMail：ane@ane.de.

[10] Winnicott，D. W.：Vom Spiel zur Kreativität. Klett-Cotta 2012.

[11] Widlöcher，D.：Was eine Kinderzeichnung verrät. Fischer Taschenbuch 1984.

[12] Zimmer，K.：Das wichtigste Jahr. Kösel Verlag 1993.

后记

本书是我与许多人进行交流的结晶。其缘起可追溯到30多年前，我参观了意大利小镇瑞吉欧·艾米利亚的托育机构和幼儿园，在那里结识了卡拉·里纳尔迪，她是瑞吉欧教育中心一位富有魅力的专家顾问。她让我大开眼界，看到了托育机构教育的潜力所在。

在此期间，我还第一次观看了艾米·皮克勒那令人惊叹的录像片，随后还看了令人信服的以“习惯”为主题的电影镜头，这些镜头是由一个小型的柏林科学家组织发表的。令我振奋的是，比亚特·安德烈斯和汉斯-约阿希姆·莱文不仅关注幼儿研究，而且与来自柏林地区的托育机构实践工作者和管理人员一同，将他们的研究成果付诸实践。

我在与汉堡同事持续的交流中学到了许多东西。当我1984年作为专业顾问前往汉堡当地的托育机构时，认识了负责托育机构培训的古德伦·科诺和儿童护理职业学校的保教人员英加·博登伯格。这两位女性影响了我，她们在各自的领域以极大的说服力和坚定的决心，致力于提高汉堡托育机构的质量。在这一目标上，其他专业领域的同事也有出色的成绩，在这里我要特别提到具有代表性的佩特拉·亨德里克斯，她是当地托育机构的保教人员。

我个人认为，这些年与许多汉堡托育机构保教人员和管理者的合作是颇有成效的。我们的合作开始于20世纪90年代初，直到我10年后离开这座城市时才结束。在不同的工作小组中，我们思考着如何将理论付诸实践，我经历了托育机构在布置空间方面的一些改变，哪怕是一些很小的细节的改变。在与我共事的许多有热情的教育工作者中，我想要提到具有代表性的一位——乌拉·高尔摩-柯乐波，她在汉堡的托恩斯基特托育机构的伟大工作至今都令我钦佩。我把其中最重要的动力归功于我们对其托育机构教育的交流。

20世纪90年代初，我还遇到了一位很有远见的人，与他的对话始终鼓舞人心——也因为他来自一个完全不同的工作领域。我所说的就是木匠及艺术家马蒂亚斯·巴克。我十分感谢他以及亲爱的读者们，是你们让这本书中提到的空间设计理念变为了现实，并能够与公众见面。

与格尔德·埃金哈德·舍费尔的合作让我感到很充实，因为他在职业生涯中做着与我完全不同的事，他在幼儿潜力激发方面进行科学的研究。

我要向埃里卡·贝托尔德致以最诚挚的感谢。她是人们能想象到的最棒的编辑。我也要感谢提供了大多数照片的摄影师克劳斯·东布朗斯基，感谢他对本书做出的贡献。

我要对我的母亲表示最衷心的感谢，她以她的参与和支持极大地推动了本书的创作。

安吉丽卡·冯·德·贝克

于汉堡